D1932523

Enzyklopädie für den Verbraucher

Enzyklopädie für den Verbraucher

In dieser Reihe sind bisher erschienen:

Stricken heute *Neue Garne – neue Effekte*	3 Pagen
Gesunde Zähne *ein Leben lang*	Blend-a-med Forschung
Schöner durch Make-up	Margaret Astor
Kindermode *hübsch und praktisch*	Petit Bateau
Die moderne Trockenrasur	Braun
Technisch Zeichnen *für Schule-Beruf-Hobby*	Faber-Castell
Baustoff Glas *für besseres und schöneres Wohnen*	VEGLA
Elektro-Kleingeräte *im Haushalt*	Philips
Cognac *Wissenswertes für Genießer*	Courvoisier
Champignons *köstlich und gesund*	Royal Champignon

Sämtliche Bücher sind im Buchhandel erhältlich.

Schöner durch Make-up

Margaret Astor
Nathan International

An unsere Leser

Die ENZYKLOPÄDIE FÜR DEN VERBRAUCHER bringt dem Leser zum ersten Mal in einer umfassenden Buchreihe alle Informationen, die er braucht, um Produkte und Dienstleistungen unserer modernen Gesellschaft besser zur verstehen und zu nutzen.

Fachleute, Firmen, private und öffentliche Organisationen arbeiten ständig an der Verbesserung dieser Produkte und Dienstleisungen, um den Ansprüchen der Verbraucher von heute Rechnung zu tragen.

Die ENZYKLOPÄDIE FÜR DEN VERBRAUCHER hat es sich zur Aufgabe gemacht, ihren Lesern zu jedem praktischen Problem aus der jahrelangen Erfahrung dieser Fachleute das Wichtigste in Form von Sachinformationen und Ratschlägen zu vermitteln.

Die ENZYKLOPÄDIE FÜR DEN VERBRAUCHER behandelt alle wichtigen Themen unseres täglichen Lebens wie z. B. Heim und Garten, Ernährung, Gesundheit, Basteln und Heimwerken, Recht, Sport, Technik usw.

Nathan International

© 1984 by La Nouvelle Librairie – Nathan International
Redaktionsbüro München: Tal 49, 8000 München 2
Tel. (0 89) 22 35 05, Telex 5 24 961 maasb d
Autor: Heide-Lore Kluckhohn-Ortner
Zeichnungen: Doris Bedners, München
Graphische Gestaltung: Karin Büchner, München
Printed in Spain
ISBN 2-86479-352-0
Verlags-Nr. 34353

Das 1x1 des Make-up

Hübsch und attraktiv aussehen ist zuallererst natürlich eine Frage der Ausstrahlung, der mehr oder weniger optimistischen Einstellung zum Leben. Wenn es Ihnen gelingt, auch dem grauen Alltag ein fröhliches Schnippchen zu schlagen, wirken Sie ganz gewiß hübscher als jemand, der immerfort schlecht gelaunt ist und mit gefurchter Stirn und hängenden Mundwinkeln herumläuft. Eine Frau, die mit sich selbst zufrieden ist – allen Sorgen und Nöten zum Trotz, die ein jeder von uns hat –, strahlt von innen heraus, ist ausgeglichen und wird von anderen Menschen geschätzt und akzeptiert.
Hübsch und gut auszusehen, ist zu einem gewichtigen Teil aber auch eine Frage gezielter, konsequenter Pflege und gekonnter »Nachhilfe« da, wo die Natur etwas gegeizt hat. Denn letztlich ist es gar nicht so maßgebend, ob Ihre Nase edel und klassisch, Ihr Gesicht besonders ebenmäßig geformt ist. Es kommt vielmehr darauf an, daß Sie Vorteilhaftes erkennen und hervorheben, Ungleiches ausgleichen und kleine Fehler wegmogeln. Das alles kann ein perfektes Make-up, das außerdem die Haut wie ein Mantel vor Klima- und Umweltbelastungen schützt. Die wichtigste Make-up-Regel überhaupt ist: Erst einmal den eigenen Stil finden und unterstreichen. Nicht etwa durch übertriebene und womöglich ungeübte »Malkünste« den eigenen Typ verändern wollen. Ein Make-up soll das eigene Ich be-

Ein schönes, typisches Make-up ist der erste und wichtigste Schritt.

tonen und wie das Tüpfelchen auf dem »I« das gesamte Erscheinungsbild abrunden, eine harmonische Ergänzung sein zu Frisur, Kleidung und Typ.

Ein perfektes, möglichst natürlich wirkendes Make-up macht Sie frischer, jünger, schöner und steigert zudem Ihr Selbstbewußtsein. Sie begegnen anderen Menschen sicher und frei, denn Sie fühlen sich »wohl in Ihrer Haut« – in des Wortes engster Bedeutung. Zum Beweis für diese Tatsache ein kleines Beispiel: Stellen Sie sich vor, Sie haben eine wichtige Verabredung. Und bemerken, daß Sie eine Laufmasche oder ein Loch im Strumpf haben, es ist aber keine Zeit mehr, etwas dagegen zu unternehmen. Was passiert? Sie glauben natürlich, jeder hat nichts Besseres zu tun, als Ihr kleines Mißgeschick zu registrieren. So werden Sie automatisch unsicher und gehemmt. Genau das Gegenteil ist der Fall, wenn Sie sich attraktiv und hübsch zurechtgemacht haben, wenn Sie wissen, daß an Ihnen alles »stimmt«. Dann geben und fühlen Sie sich locker und frei.

Zu alledem bringt es auch Spaß, mit der eigenen Haut nicht nur pfleglich, sondern auch phantasievoll umzugehen. Auszuprobieren, wie mit einigen Pinselstrichen und Farblichtern die Augen raffinierter Blickfang werden oder wie ein Tupfer Rouge an der rechten Stelle Frische ins Gesicht zaubert. Und es macht nicht nur Spaß, es ist auch wichtig, daß Sie sich mit sich selbst beschäftigen. Denn nur wer dies tut, kann erwarten, daß auch die Umwelt ihn wichtig nimmt. Sich selbst gut zu behandeln, sich hübsch zu machen, ist eine nicht zu unterschätzende Seelentherapie, ist zumindest eine wirksame Hilfe gegen den täglichen kleinen Ärger. Probieren Sie es aus: Machen

Sie sich nach einem anstrengenden Tag besonders sorgfältig zurecht. Während Sie sanft mit Ihrer Haut umgehen, »streicheln« Sie auch Ihre Seele. Streß und Anspannung verschwinden.
Bedenkt man dies alles, ist es unverständlich, warum hierzulande so viele Frauen gänzlich auf das tägliche Make-up verzichten. Ganz im Gegenteil zu den meisten – von uns als chic bewunderten – Italienerinnen und Französinnen, die ohne ein »angezogenes«, sprich: hübsch zurechtgemachtes Gesicht, gar nicht aus dem Haus gehen, die sich ohne Make-up geradezu nackt vorkommen würden. Auch die Mär, daß Make-up der Haut schade, ist überholt. Die heutigen Produkte schmücken nicht nur, sondern schützen und pflegen gleichzeitig die Haut.
Nein, die Scheu vor dem Make-up muß damit zu tun haben, daß zu viele Frauen nicht genau wissen, wie man mit all den Tuben und Stiften und Pinseln umgeht, und sich vorsichtshalber auf den sparsamen Gebrauch eines Lippenstiftes beschränken – auch um der Gefahr zu entrinnen, »wie in den Farbtopf gefallen« auszusehen. Dabei ist ein zurückhaltendes und zugleich effektvolles Make-up keine Hexerei. Sie müssen nur herausfinden, was Ihrem Typ entspricht, welche Farben Sie bevorzugen (das sind nicht unbedingt die Farbhits der laufenden Saison) und welche Sie meiden sollten, wann welche Teintgrundierung und ob Puder angebracht ist und vieles mehr. Kurz: Sie brauchen nur das Einmaleins der Make-up-Kunde zu erlernen. Wie es geht, erfahren Sie in diesem Buch. Mit ein wenig Übung und Fingerspitzengefühl wird es Ihnen gelingen, jeden Tag gut auszusehen. Denn Schönsein kann man lernen.

Der Spiegel Ihrer Persönlichkeit

Ihr Spiegelbild ist gewissermaßen der Ausgangspunkt für Ihr Make-up. Es bestimmt die Auswahl nicht nur der passenden Make-up-Produkte, sondern auch die »Technik«. Ihre Gesamterscheinung, die Form Ihres Gesichts, die Farbe von Haut, Haar und Augen entscheiden darüber, was Ihnen steht.

. . . welcher Typ sind Sie?

Machen Sie mit bei unserem kleinen »finde-Dich-selbst Spiel«, bei dem wir Ihnen fünf »typische Frauen« vorstellen (im Vertrauen: es ist immer ein und dieselbe, jedesmal verändert durch das Make-up, die Frisur, modische Akzente).

Das Einordnen in ein ganz gestimmtes »Typen-Kästchen« ist eine zweischneidige Sache. Denn schließlich mag sich niemand – und schon gar nicht eine Frau – in eine Rubrik hineinpressen und auf nur eine Richtung festlegen lassen. Außerdem bleibt man auch nicht jahrein, jahraus der gleiche Typ. Andererseits aber lassen Gesamterscheinung, Lebenseinstellung und modische Vorlieben doch eine Linie erkennen, machen einen Typ aus uns – den man auch nicht verleugnen kann. So wenig verleugnen wie die Freude an der Veränderung, nämlich am Spiel mit der ständig wechselnden Mode, mit einer neuen Frisur, einem außergewöhnlichen Parfum und natürlich auch mit dem Make-up. Denn alle diese Merkmale unterstreichen den eigenen Typ!
Wie sehr, das zeigen wir Ihnen anhand von fünf »typischen Frauen« auf den nächsten Seiten. Erkennen Sie sich in einer davon wieder, dann haben Sie Ihren Grund-Stil gefunden, dem Sie nicht untreu werden sollten.

. . . typisch sportlich? Als sportlich bezeichnen sich fast ein Drittel aller Frauen bis zu ca. 35 Jahren. Wenn Sie dazugehören, dann bevorzugen Sie alles Unkomplizierte und Praktische: kurzgeschnitte Haare oder pflegeleichte Lockenfrisuren; ein Make-up, das Sie wie ungeschminkt, eben ganz natürlich aussehen läßt, und auch in Sachen Mode favorisieren Sie lässige Sachen: Hosen und Pullis für jede Gelegenheit füllen Ihren Kleiderschrank. Vielleicht sind Sie am treffendsten als die Frau beschrieben, mit der man die sprichwörtlichen Pferde stehlen kann!

... typisch romantisch? Schwärmerisch und gefühlsbetont – das sind Romantikerinnen allemal. Ihre nicht nur seelische, sondern auch körperliche Zerbrechlichkeit unterstreichen Sie mit flatternden, wehenden Gewändern, am liebsten aus weich fallenden Stoffen. Wozu noch Schleifen und Rüschen gehören. Zart ist auch das Make-up: zum porzellanhellen Teint kommt ein Augen-Make-up, das den Blick geheimnisvoll erscheinen läßt. Romantische Frauen würden ihr Haar nie streichholzkurz tragen, sie haben lieber weiche Locken und sanfte Wellen oder flechten sich Zöpfe.

. . . typisch feminin? Mit »ewig-weiblich« wären Sie annähernd charakterisiert, wozu noch so typisch weibliche Eigenschaften wie einfühlsam oder anpassungsfähig kommen. Und auch »reizvoll«, weswegen der sogenannte »Schlabber-Look« mit seinen weiten, unförmigen Gewändern und übergroßen Pullovern Ihnen nicht gefällt. Denn Sie sind nicht der Typ, der seine Figur unbedingt verbergen will. Im Gegenteil, Sie unterstreichen Ihre Weiblichkeit – auch mit einem entsprechend reizvollen Make-up, mit dem Sie ebenfalls dokumentieren: »Ich bin eine Frau!«

. . . typisch klassisch? Dann muß es Ihnen geradezu ein Bedürfnis sein, stets passend und der jeweiligen Situation angemessen gekleidet zu sein. Und selbstverständlich harmonieren auch Frisur und Make-up jederzeit. Denn Sie sind vom Scheitel bis zur Sohle – im besten Sinne des Wortes – Dame, bevorzugen das Schlichte, dem man nicht gleich ansieht, wie teuer es ist: reine Seide, Pullis aus Cashmere, exklusive Cremes und Parfums. Modische Übertreibungen, modische Eintagsfliegen lehnen Sie ab. Und Ihr Make-up (ohne würden Sie nie ausgehen) ist raffiniert-unauffällig. Eben gekonnt.

. . . typisch progressiv? Selbstbewußtsein ist wohl Ihr hervorstechendes Markenzeichen. Dazu gehört, daß Sie mit bewundernswerter Spürnase modische Trends vor allen anderen erahnen, Individualität und Originalität sind Ihnen äußerst wichtig. Zieht erst die »Masse« nach, sind Sie längst einen modischen Schritt weiter. Untertreibung liegt Ihnen auch nicht, wenn es um Frisur und Make-up geht. Denken Sie aber daran: Je auffälliger, je ungewöhnlicher ein Make-up ist, um so perfekter muß es sein. Denn der Schritt von auffällig zu lächerlich ist gar kein so großer.

Welche Form hat Ihr Gesicht?

Die Gesichtsform spielt – neben Haut-, Augen- und Haarfarbe – eine maßgebliche Rolle, wenn Sie das für Sie kleidsamste Make-up finden wollen. Denn ein breites Gesicht zum Beispiel hat seine »Glanzpunkte« anderswo als ein langes und schmales, weit auseinanderstehende Augen etwa werden anders betont als große, runde.
Der Sinn eines perfekten Make-up ist auch, die Gesichtsform – mag sie lang oder viereckig, rund oder trapezförmig sein – möglichst oval wirken zu lassen. Denn das ovale Gesicht gilt als ideal, entspricht sozusagen dem »Goldenen Schnitt« (zum Trost für alle, deren Gesicht nicht ebenmäßig ist: klassisch-schöne Züge können fast ein wenig langweilig sein).
Um die Gesichtsform optisch diesem Schönheitsideal anzunähern, müssen Sie geschickt mit Rouge, Lidschatten, Lippenfarbe oder gar mit zwei verschieden getönten Teintgrundierungen gleichzeitig (für ein ganz großes Abend-Make-up kann man so das Gesicht modellieren) umgehen. Was wir Ihnen in den nächsten Kapiteln ausführlich erklären. Stellen Sie nun zu allererst fest, welche Form Ihr Gesicht hat. Betrachten Sie sich – abgeschminkt und mit aus dem Gesicht gekämmten Haaren – in aller Ruhe. Welche der hier gezeichneten Gesichtsformen kommt der Ihren am nächsten? Und weil nicht zu jeder Gesichtsform jede Frisur paßt, finden Sie auch gleich »haarige« Vorschläge. Überhaupt: Ist Ihr Haar ungepflegt, ist selbst ein makelloses Make-up leider verlorene Liebesmühe. Und umgekehrt natürlich auch!

Das ovale Gesicht

Zart, anmutig, liebreizend – lauter Eigenschaften, die das ovale Gesicht beschreiben. Und wenn Sie ein ovales Gesicht haben, dürfen Sie in Sachen Make-up getrost experimentieren (natürlich muß das Ergebnis perfekt sein), zum Beispiel mit aufregenden, raffinierten Farben, um so die Aufmerksamkeit auf Ihr Gesicht zu lenken. Was Sie zusätzlich noch mit einer Frisur erreichen, bei der die Haare aus dem Gesicht getragen werden: Für junge Mädchen könnte dies ein lustiger Pferdeschwanz, für reifere Frauen ein edler Nackenknoten sein. Auch auffällige Ohrringe und Ketten betonen die klassische Ausgewogenheit dieser Gesichtsform. Da zum ovalen Gesicht meist ein schöner, schlanker Hals gehört, sind sämtliche Kragenformen an Kleidern, Blusen oder Pullis erlaubt.

Das runde Gesicht

Es sind meist fröhliche Frauen, die ein rundes Gesicht haben. Solange Sie jung sind, sollte all das Runde bekräftigt werden: mit einer kurzgeschnittenen Wuschelfrisur etwa und mit einem Augen-Make-up, das Kulleraugen noch runder macht. Lediglich die Halspartie muß »gestreckt« werden, spitze Ausschnitte und lange Schals sind deshalb günstiger als Rollkragenpullis oder dicke Kugelketten, die eng um den Hals liegen. Mögen Sie Ihr rundes Gesicht gern schmaler aussehen lassen, dann schattieren Sie die Augenpartie schräg nach oben und verteilen das Rouge möglichst nah zur Nase hin. Tragen Sie eine den Oberkopf betonende, seitlich aber schmeichelnd anliegende Frisur. Noch ein Trick: lang herunterbaumelnde Ohrgehänge lassen ein Gesicht auch schmaler wirken.

Das längliche Gesicht

Intellektuell und willensstark sind Menschen mit einem länglichen Gesicht. Damit es ein wenig ovaler und damit kürzer wirkt, wird es beim täglichen Make-up mit Rouge »unterteilt«, während die Lippen bis in die Mundwinkel ausgemalt werden. Für aufwendigere Anlässe wird das Kinn einen Ton dunkler als das übrige Gesicht grundiert. Denn eine Make-up-Regel besagt: Was optisch zurücktreten soll, wird dunkler, was dagegen extra hervorgehoben werden soll, einen Ton heller grundiert. Die Frisur darf bei dieser Gesichtsform nur kinnlang sein und weich fallen, ein Halbpony ist günstiger als die nackte Stirn. Glatte, lange oder auf dem Oberkopf toupierte Haare wären grundverkehrt. Richtig dagegen sind runde Ohrclipse, mehrreihige Ketten, Rollkragen und Stehbündchen.

Das viereckige Gesicht

Optimismus, gepaart mit einer Portion Energie, gehört zu einem viereckigen, quadratischen Gesicht (welches am ehesten dem runden ähnelt). Um diese Gesichtsform dem Oval – und damit dem Schönheitsideal – optisch anzugleichen, muß die obere Gesichtshälfte »die erste Geige« spielen, um so von der unteren mit der meist recht breiten Kinnpartie abzulenken. Das bedeutet in erster Linie, die Augenpartie perfekt und effektvoll zu betonen. Das möglichst weit innen, also zur Nase hin, zu verteilende Wangenrot läßt das Gesicht insgesamt schmaler wirken. Anstelle »drückender«, schulterlanger Haare: Kurzhaarfrisuren, bauschig auf dem Oberkopf, eng anliegend an den Seiten. Strekkende Ausschnitte und Kragenformen, lange Tücher und Ketten sind günstig.

Das dreieckige Gesicht

Sehr weiblich, ein bißchen launisch, aber charmant – dies alles sagt man Frauen nach, deren Gesicht diese Form hat. Und weil sie besonders fotogen ist, von sensibel bis hochdramatisch alles widerspiegeln kann, gibt es unter den Fotomodellen viele mit einem dreieckigen Gesicht. Es wird kaum korrigiert, vielmehr wird das Aparte – die hohen Wangenknochen etwa – mit glänzendem Rouge noch extra betont, während die Augen mandelförmig schattiert werden. Natürlich sollte ein solches Gesicht sich nicht hinter einem Vorhang von Haaren verbergen, sondern sie aus dem Gesicht tragen. Auffälliger Ohrschmuck und kurze Halsketten (keine V-Ausschnitte, die würden das schmale spitze Kinn quasi verlängern!) unterstreichen diese Gesichtsform mit dem »gewissen Etwas«.

Das trapezförmige Gesicht

Dies ist ein gütiges, aber »schweres« Gesicht, denn die Kieferknochen bilden die breiteste Stelle. Es ist eine Gesichtsform, die sich oft aus einem viereckigen Gesicht entwickelt – dann, wenn dieses im Laufe der Jahre fülliger wird. Wichtig ist, die sehr schmale Stirn aufzuhellen und die Augen kräftig nach außen hin zu betonen. Um die Aufmerksamkeit nicht auf die Kinnpartie zu lenken, sollten die Lippen zurückhaltend und keinesfalls kräftig-leuchtend geschminkt werden. Auch beim trapezförmigen Gesicht spielt die Frisur eine wesentliche Rolle, die Haare sollten sich am Oberkopf kräftig bauschen. Ohrringe sind – im Gegensatz zu langen Halsketten – tabu. Verlängernde V-Ausschnitte eignen sich natürlich besser als Roll- oder Rüschenkragen.

Keine Angst vor Farbe

Oft ist es Unsicherheit beim Umgang mit Farben, nicht nur mit modischen oder extravaganten Tönen, weshalb viele Frauen auf das tägliche Make-up verzichten. Und sich höchstens zu festlichen Anlässen an Lidschatten oder Rouge herantrauen. Schade, denn mit einem gekonnten und dem eigenen Typ entsprechendem Augen-Make-up zum Beispiel und Rouge am rechten Fleck sieht jede Frau hübscher, jünger und attraktiver aus. Damit Sie nicht länger zu den Zaghaften gehören, erfahren Sie in diesem Kapitel, mit welchen Farben und Farbabstufungen Sie auf »Nummer Sicher« gehen. Dazu müssen Sie als erstes wissen: Farben, die mit Ihrem Hautton, Ihren Augen und Ihrem Haar harmonieren und gleichzeitig zu Ihrer Kleidung passen, sind immer richtig. Was Sie nicht hindern sollte, ruhig auch einmal etwas Ungewöhnliches auszuprobieren, spätestens dann, wenn Sie ein Make-up-Profi sind, wenn das gekonnt hingezauberte Make-up bereits zur liebgewordenen Routine gehört.

Zwar wechselt die »Gesichtsmode« wie die Kleidermode auch mit schöner Regelmäßigkeit von Saison zu Saison – somit auch die Make-up-Farben, die jeweils mit denen der Modeindustrie abgestimmt werden. Sie müssen aber den jeweils neuesten »Look«, die allerneuesten Techniken und Tricks für das Auftragen des Make-up ebenso wenig sklavisch nachahmen wie den jüngsten, letzten Schrei der Modeschöpfer.

Zu der Regel »Farbharmonien mit dem eigenen Typ und der Kleidung« kommt folgende: Weniger ist mehr und je jünger Sie sind, desto lebhaftere Farbeffekte können Sie

sich leisten. Lieben Sie es zurückhaltender, sind die sogenannten verbindenden Farben – Farben, die Augen und Teint ergänzen – angebracht. Dies sind alle Grau-, Braun- und Beigeschattierungen, die Sie aber immer mit einem zu Ihrer Kleidung passenden Farbtupfer auffrischen sollten, damit Ihr Gesicht nicht müde aussieht. Violett, Giftgrün, Tiefblau oder etwa Purpurrot sind für ein Make-up eher schwierige Farben, mit denen umzugehen nicht nur Perfektion, sondern auch ein wenig Mut gehört.
Die dritte, ebenfalls wichtige Farbregel: Das Make-up und damit die Auswahl der Farben muß der Gegebenheit, dem Anlaß angemessen sein. Wollen Sie sich ganz »normal« für den Alltag (fürs Büro, für zu Hause, für einen Stadtbummel) zurechtmachen, oder planen Sie, groß auszugehen? Muß Ihr Make-up Neonlicht oder heller Wintersonne standhalten? Dann zum Beispiel müssen Sie auf alles Blaustichige verzichten und »warme« Rottöne bevorzugen. Wir sagen Ihnen hier, welche Farben zu blonden, rothaarigen, brünetten und sehr dunklen Frauen passen. Verstehen Sie unsere Farbrezepte nicht als strenge Vorschriften, sondern als nützliche Anregungen – dann können auch Sie bald Farbe bekennen!

Helle Haut
Helle Augen
Helle Haare

Sind Sie hellhäutig und blond, sozusagen ein »nordischer« Typ, dann sollten Sie starke Kontraste meiden! Das fängt schon bei der Grundierung des Teints an, die mit dem Hautton identisch sein muß. Hüten Sie sich vor allzu dunklen (unnatürlich) und zu gelblichen Tönen (machen blaß und fahl). Ein zartes Beige dagegen ist genau richtig. Beige mit einem Hauch von Rosé können Sie verwenden, wenn Ihre Wangen frei von roten Äderchen sind. Beim Lidschatten richten Sie sich nach Ihrer Augenfarbe und nach Ihrer Kleidung (mit der Sie ja ebenfalls Ihren Typ unterstreichen – Pastellfarben stehen Ihnen besonders gut). Vermeiden Sie beim Betonen heller Augen alles Grelle und bevorzugen Sie leichte Grau-, Blau-, Grün- und Beigetöne, die sich kombinieren lassen (etwa Blau mit Rosé), die aber auch untereinander harmonieren. Sehr hübsch sind auch zwei Nuancen einer Farbe – etwa auf dem Lid ein dunkles Grau, darüber ein helleres. Für Rouge gilt: Je heller die Haut, desto zarter das Rouge. Am hübschesten wäre ein sanftes Rosé. Eine Farbe, die sich auf den Lippen – neben allen bräunlichen Rotabstufungen – gut macht. Orange dagegen würde Sie zu blaß aussehen lassen. Und ein stark blaustichiges Rot kann »gefährlich«, nämlich kalt und unnatürlich wirken.

Zarte Haut
Helle Augen
Rote Haare

Sind Sie rotblond oder gar »richtig« rothaarig? Dann haben Sie gewiß einen zarten Teint und helle, graublaue oder graugrüne Augen. Und Sie sollten alles tun, um Ihren besonderen Typ ins rechte Rampenlicht zu setzen! Erhalten Sie sich auf jeden Fall Ihre porzellanzarte Haut – auch wenn das Modediktat gerade ein sportlich-braunes Image verlangt. Ihre Haut würde in der Sonne im besten Falle rot werden. Stehen Sie auch zu Ihren Sommersprossen – so Sie welche haben. Statt sie unter einer deckenden Schicht Make-up zu verstecken, verwenden Sie besser eine helle, transparente Grundierung. Alle Grüntöne – von Oliv über Khaki bis Tannengrün – sowie Rostbraun sollten Sie nicht nur für Ihre Kleidung favorisieren, sondern auch für Ihr Augen-Make-up. Sämtliche Schattierungen dieser beiden Farben machen sich – neben Goldbraun, Kupfer und einem warmen, gleichsam »nebeligen« Blau – besonders hübsch. Und für ein festliches Make-up setzen Sie zusätzliche goldglänzende »Lichter« auf die Wangen und Lider. Auch das Rouge sollte »metallisch« sein – alle Bronzetöne stehen Ihnen gut. Ebenso wie ein Rostbraun für die Lippen, das abends mit Gold pigmentiert sein darf. Ein klares, kräftiges Rot würde in Ihrem zarten Gesicht unecht wirken. Rot- und Gelbtöne sind sowieso tabu!

Helle oder rosige Haut
Helle oder dunkle Augen
Brünette Haare

Wir müssen in dieser kosmetischen Farbenschule mit einer groben Einteilung – helle und rothaarige Frauen mit zartem Teint und hellen Augen und dunkle Frauen mit dunklen Augen – zurechtkommen. Denn es ist unmöglich, auf alle »Zwischentypen« – etwa weizenblond zu brombeerdunklen Augen – einzugehen. Jede Frau kann da nur in Ruhe herausfinden und experimentieren, was zu ihr paßt. Auch brünette Frauen haben sich erst einmal nach der Hautfarbe zu richten. Ist der Teint blaß? Dann ist eine beige-bräunliche Grundierung richtig (abends mit einem Hauch Gold besonders reizvoll), die mit Rouge in klarem Rot, Orange oder Pink aufgefrischt wird. Haut dagegen, die »gesund«, also immer gut durchblutet aussieht, wird nicht unter hellem oder zu dunklem Make-up versteckt – denn die Grundierung soll ja den Naturton der Haut aufnehmen! Hier ist also ein Stich ins Rötliche angebracht (ein Stich wohlgemerkt, und keine rosige Übertreibung). Brünette Frauen mit hellen Augen sind mit Pastellfarben für das Augen-Make-up gut beraten, mit Farbtönen und -abstufungen, die auch zur Kleidung passen. Dunkle Augen vertragen kräftigere Farben. Grau und Braun sollten Sie meiden – diese Töne lassen Sie müde wirken. Rouge und Lippenstift können – je nach Anlaß – pink bis kräftig rot sein.

Dunkle Haut
Dunkle Augen
Dunkle Haare

Wissen Sie, warum die Frauen in südlichen Breiten – allen voran Italienerinnen und Französinnen – mit Make-up-Farben nicht gerade zögernd umgehen und trotzdem stets perfekt und nicht »überschminkt« aussehen? Zum einen liegt das natürlich am Typ: Schwarzhaarig, glutäugig, samtiger Teint. Dazu passen nun mal alle kräftigen, leuchtenden Farbtöne. Zum anderen kommen eben diese Farben unter südlichem Licht anders zur Geltung als in nördlichen Gefilden. Sind Sie auch so ein dunkler Typ, sollten Sie das Augen-Make-up nicht auf Ihre Augen abstimmen, sondern auf Ihre Kleidung. Düstere Lidschatten können Sie »schlecht«, ja kränklich erscheinen lassen und sehen nur bei sehr jungen Mädchen interessant aus. Wenn Sie jedoch auch dunkle Kleidung lieben, dann kombinieren Sie auf den Lidern helle Pastellfarben (alles ist erlaubt, was nicht »bunt« wirkt) und heben die Lippen um so stärker hervor. Mit einem kräftigen, klaren Rot. Wie Sie überhaupt – ob blond oder dunkel – immer abwägen sollten, ob Sie die Augen- oder die Lippenpartie stärker hervorheben möchten. Beides zusammen könnte nämlich zu viel sein. Setzen Sie die Augen in den Mittelpunkt, wäre ein zartes Rosa für die Wangen und bräunliches Rosa für die Lippen besonders gut passend.

Das perfekte Make-up

Beneiden Sie gelegentlich die Stars aus Film, Fernsehen oder Werbung um ihr raffiniertes Make-up? – Das sollten Sie nicht tun, denn die meisten Kniffe, die von Visagisten und Kosmetikerinnen heute angewendet werden, können auch Sie erlernen und damit Ihr Aussehen so verbessern, daß man Sie beneidet! Gewußt wie – genau das möchten wir Ihnen jetzt in einfachen Schritten und Beispielen zeigen.

Hautpflege – das A und O

Das raffinierteste Make-up ist wenig wert, wenn Sie Ihre Haut nicht pflegen. Denn nachlässige Reinigung und mangelhafte Pflege lassen sich auf Dauer nicht verbergen.

Zuerst einmal müssen Sie die Beschaffenheit Ihrer Haut, den Hauttyp, feststellen. Denn danach richten sich die Pflegeprodukte – danach also, ob die Haut fettig oder eher trocken ist, ob der Feuchtigkeitshaushalt stimmt oder ob sie (leider äußerst selten) normal ist. Am sichersten ist, sich die Hautdiagnose von einer Kosmetikerin stellen zu lassen. Wollen Sie Ihre eigene Haut-Testerin sein, hier die wichtigsten Anhaltspunkte: Normale Haut ist zart und frisch, rosig durchblutet und feinporig. Eine »Traumhaut«, die es offenbar zur Zeit unserer Großmütter öfter gab als heute. Vielleicht weil diese Frauen weniger Sonne und Genußgif-

te (Zigaretten, Alkohol) konsumierten, aber auch, weil sie weniger hektisch lebten, weniger Streß hatten. Das sind alles Auswirkungen unserer Zeit, die die Haut zusätzlich belasten. Trockene Haut ist zart, spannt jedoch schnell und neigt früh zu Knitterfältchen. Sonne und kalter Wind sind Gift für sie! Fettige Haut ist großporig, hat oft Mitesser und Hautunreinheiten, sieht schlecht durchblutet aus. Zum Trost: sie bleibt meist länger faltenlos und verträgt Sonne ganz gut. Kompliziert ist die Mischhaut: Stirn, Kinn und Nase sind oft fettig, die Wangenpartie dagegen trocken und feuchtigkeitsarm.

Wie Sie künftig alles richtig machen in Sachen Pflege, lesen Sie hier.

Reinigen ist aller Pflege Anfang

Jede sinnvolle Hautpflege beginnt mit der täglichen, gründlichen Hautreinigung. Stoffwechselschlacken, Talg, Schweiß Staub und natürlich Make-up – alles muß sorgfältig entfernt werden. Erst dann kann die Haut Pflegestoffe aufnehmen.

Reinigungs-Milch

Bei der Wahl des geeigneten Reinigungspräparates muß der Hauttyp berücksichtigt werden. Nicht jede Lotion oder Creme ist gleich gut für die Haut. Am beliebtesten und praktisch anzuwenden ist Reinigungsmilch, die es individuell für jeden Hauttyp gibt. Sie wird verteilt, sanft einmassiert und mit reichlich lauwarmem Wasser oder einem Papiertuch abgenommen.

Angst vor Seife?

Rückfettende, die Haut nicht austrocknende kosmetische Gesichts- oder Babyseifen werden von normaler bis leicht fettiger Haut gut vertragen. Für trockene Haut ist Seife allerdings tabu. Wenn Sie aber das Gefühl haben, daß nur Seife Ihre Haut gründlich reinigt, müssen Sie sie nach dem Waschen besonders gut mit Fett und Feuchtigkeit versorgen. Für sehr fettige und empfindliche Haut empfehlen sich Flüssigseifen. Sie sehen aus wie Seife, bestehen aber aus chemischen Waschsubstanzen.

Machen sie mal Dampf!
Ein Gesichtsdampfbad (mit Kräuterzusätzen wie Kamille oder Salbei) ist ideal als Vorbereitung zur gründlichen Hautreinigung. Trockene Haut bis zu drei, fettige bis zu zehn Minuten »bedampfen«. Vorsicht jedoch bei erweiterten Äderchen!

Spezielle Augen-Make-up-Reinigung
Reinigungsmilch reicht nicht aus, um ein Augen-Make-up spurenlos zu entfernen. Nehmen Sie Spezial-Abschminkprodukte (wie Remover-Pads oder bestimmte Öle).

Antibakterielle Zusätze
Waschgel oder -creme nennen sich die meisten Produkte für fette, zu Unreinheiten neigende Haut. Sie enthalten oft antibakterielle Wirkstoffe, die dafür sorgen, daß Pickel sich nicht entzünden bzw. schneller abheilen.

Rubbeln Sie die Haut klar
Ist die Haut schlecht durchblutet, neigt zu Mitessern und ist fettig – dann helfen Rubbelcremes oder -masken ausgezeichnet. Winzige Schleifpartikel schmirgeln beim Einmassieren abgestorbene Hornschüppchen und Unreinheiten weg.

Bei fettiger Haut dürfen Sie zwei- bis dreimal wöchentlich, bei trockener, empfindlicher einmal im Monat rubbeln.

Gesichtstonic stabilisiert und klärt
Letzte Rückstände von Reinigungsmilch oder Seife werden mit einem hauttypgerechten Gesichtswasser beseitigt. Gleichzeitig wird die Haut auf die Pflege vorbereitet. Je trockener die Haut, desto alkoholärmer muß es sein. Im Gesichtstonic für fettige Haut sind oft Kräuterauszüge oder adstringierende (die Poren vorübergehend zusammenziehende) Stoffe enthalten. Nicht auf der Haut verdunsten lassen, sondern mit einem Kosmetiktuch abtupfen.

Welche Creme ist die richtige?

Diese Frage können letztlich nur Sie beantworten, denn nur Sie spüren, ob Ihre Haut sich wohlfühlt, ob sie weich und geschmeidig ist, nicht spannt oder sich gar rötet. Nur Sie können beurteilen, ob die verwendete Creme Ihrer Haut langfristig nützt.

Jede Haut braucht Feuchtigkeit

Das Wasserbindungsvermögen der Haut läßt leider mit den Jahren nach – ein natürlicher Prozeß. Den man auch nicht verhindern kann, wenn man die Haut ständig naß macht. Denn – paradox! – Wasser von außen trocknet zusätzlich aus. Der Haut müssen Substanzen zugeführt werden, die die oberen Schichten der Haut dazu bringen, Feuchtigkeit zu speichern und sie glatter, praller aussehen zu lassen. Feuchtigkeitscremes sind »Öl-Wasser«-Emulsionen und als Tagesschutz und Make-up-Unterlage besonders geeignet.

Pflege über Nacht

Nachtcremes sind reichhaltiger an Fett- und Wirkstoffen, sind »Wasser-Öl«-Emulsionen. Viele Frauen mit sehr trockener Haut nehmen auch für den Tag die pflegende, aufbauende, regenerierende Creme, sie sollten jedoch unter dem Make-up noch zusätzlich den weniger fettenden Tagesschutz auftragen, damit das Make-up richtig haftet. Doch nicht nur das Was, auch das Wie ist wichtig – so tragen Sie die Creme richtig auf: einen kleinen Klecks zwischen den Fingerspitzen verreiben und diese vorsichtig in das Gesicht einmassieren, von unten nach oben, von innen nach außen (lediglich unter den Augen vorsichtig von außen nach innen).

Spezialcremes

Von besonders leichter Konsistenz, mit Wirkstoffen angereichert, sind Augencremes. Spätestens dann, wenn Lachfältchen auch dann sichtbar sind, wenn Sie nicht lachen, sollten Sie sie benutzen. Auch unter dem Make-up und der Tagescreme. Zwar bügelt keine Creme der Welt Falten weg, doch sie wirken – gut gepflegt – weniger hart und weniger tief eingegraben. Für den Hals gibt es gleichfalls Spezialcremes, die besonders wirksam sind, wenn die normale Nachtcreme nicht mehr ausreicht.

Masken – die schnellen Schönmacher

Masken unterstützen wirkungsvoll die tägliche Hautpflege. Sie enthalten alles, was die Haut braucht. Je nach Hautbeschaffenheit können Sie feuchtigkeitsarme Haut mit Feuchtigkeitsmasken, müde mit Regenerationsmasken, schlecht durchblutete mit durchblutungsanregenden Masken usw. verwöhnen. Wichtig: Masken, die auf der Haut antrocknen (meist Reinigungs- oder Durchblutungsmasken) sind ungeeignet für trockene und jede empfindliche Haut.

Eine Kur wirkt oft Wunder

Ampullenkuren sind für müde, reife Haut gedacht, weil sie die sich mit dem Alter verlangsamenden Vorgänge in der Haut (die sich ständig erneuert) ankurbeln. Aber auch die noch junge Haut kann so einen Wirkstoff gebrauchen, zum Beispiel dann, wenn sie nach einem zu sonnenreichen Urlaub, nach Krankheit oder Streß müde aussieht. Kuren sind immer Zusatzpflege, ersetzen also nicht die üblichen Kosmetikpräparate.

Das richtige Teint-Make-up

Zum besseren Verständnis sollte zuallerst der Begriff »Make-up« geklärt werden. Eigentlich heißt Make-up das »Ganze«, das fertig geschminkte, das »aufgemachte« (make-up = aufmachen) Gesicht. Es hat sich aber eingebürgert, daß mit Make-up die Teintgrundierung bezeichnet wird. Die aber auch Foundation oder fond de teint heißen kann – lassen Sie sich nicht verwirren.
Damit Sie bei der Wahl Ihrer Grundierung möglichst keine Fehler machen – denn sie ist schließlich die Voraussetzung für ein gelungenes Make-up – erfahren Sie hier alles Wissenswerte darüber.
So kommt es nicht nur darauf an, den richtigen Farbton zu finden, sondern das Produkt muß auch zu Ihrem Hauttyp passen, es soll schließlich das Beste aus Ihrer Haut machen und sie nicht nur einfach dunkler »färben«. Hier wird übrigens einer der Kardinalfehler begangen, denn viele Frauen greifen zu einem zu dunklen Make-up. Was sie unnatürlich, aber nicht sonnengebräunt aussehen läßt. Die perfekte Foundation läßt den Teint nicht nur makellos schimmern und kaschiert Unebenheiten, sondern sie schützt die Haut außerdem vor Wind- und Wetterschäden sowie Umweltbelastungen wie Staub, Schmutz und trockener Heizungsluft. Und sie verschont, je nach Deckkraft mehr oder weniger, vor UV-Strahlen (ein Make-up mit einem speziellen Lichtschutzfaktor tut dies natürlich intensiver). Überhaupt brauchen Sie im Sommer einen anderen Farbton als im Winter, da Winterhaut meist blasser ist. Und – Winterhaut braucht zum Schutz vor Kälte ein Produkt, das mehr Fett enthält!

Teint-Make-up und Hauttyp

Teint-Make-up wird nach den gleichen Kriterien ausgesucht wie Pflegecremes oder Lotionen, nämlich in erster Linie nach der Hautbeschaffenheit. Es muß dem Hauttyp entsprechen, maßgeschneidert sein. Was problemlos ist, denn auch Grundierungen gibt es für jede Haut – für normale und fettige, für trockene und sehr empfindliche, zu Mitessern und Pickeln neigende (mit antiseptischen Substanzen) ebenso wie für müde, reife Haut (mit besonders pflegenden Wirkstoffen). Je trockener die Haut ist, desto fetthaltiger und cremiger sollte das Teint-Make-up sein. Feuchtigkeitsspendende Faktoren sind immer richtig, zu »feuchte« Haut gibt's ja eigentlich nicht. Bei fettiger Haut brauchen Sie eine Grundierung, die leicht mattiert und wenigstens für einige Stunden Fettglanz verhindert. Bleibt diese Foundation aber »oben« auf der Haut liegen und läßt die ohnehin meist großen Poren noch größer erscheinen, dann ist sie zu kompakt. Steigen Sie auf ein ebenfalls für diesen Hauttyp geeignetes, aber geschmeidigeres, cremigeres Produkt um. Make-up wird immer über der Tagescreme aufgetragen.Haben Sie bei der Auswahl dieses »Basisprodukts« schon einen Fehler gemacht, dann wird auch die gleichmäßige Tönung der Haut kaum gelingen. Es ist also wichtig, daß Sie Ihre Haut gut kennen. Sind Sie im Zweifel oder haben Sie zum Beispiel das Gefühl, daß der Hautzustand sich geändert hat (schließlich haben wir nicht unser Leben lang die gleiche Haut, sondern trockener wird sie mit den Jahren), lassen Sie sich von einer Kosmetikerin beraten. Und noch etwas: Erst wenn die cremige Unterlage eingezogen ist, die Foundation auftupfen und sanft verstreichen.

Teint-Make-up und Hautfarbe

Die reiche Auswahl an Farben und Farbnuancen macht es im Prinzip einfach, den perfekten Ton zu finden. Wohl aber doch nicht so einfach, daß nicht doch Fehler gemacht würden. Der häufigste Fehlgriff ist, daß das Make-up zu dunkel gewählt wird. Ein Phänomen übrigens, das auch bei der Bestimmung der eigenen Haarfarbe auftritt, denn viele Frauen schätzen sie zu dunkel ein. Damit Sie möglichst wenig Lehrgeld zahlen, hier ein wichtiger Einkaufstip: Verreiben Sie einen Tupfer auf dem inneren Handgelenk (so können Sie gleichzeitig die Deckkraft gut beurteilen) und vergleichen Sie die Stelle im Tageslicht mit der Gesichtshaut. Dann kommt es noch auf den »Farbstich« an – ein Hauch Rosa zuviel zum Beispiel sieht am hellen, lichten Tag eher rosig-peinlich aus. Am Abend dagegen, im künstlichen Schein, läßt er die Haut besonders schön schimmern. Für das ganz alltägliche Make-up gehen sie mit Beigetönen auf Nummer Sicher. Vorsicht ist nur geboten bei frischer, stets »gesund« und rötlich leuchtender Haut, die nicht einfach mit einer dicken Schicht Beige zugedeckt werden darf (wie ja die Teint-Grundierung überhaupt nicht zu- und verdecken soll, sondern ausgleichen und verschönern). Hier ist es weitaus klüger, wenn der Farbton der Foundation die Frische der Haut aufnimmt. Zu alledem kommt noch, daß zum Gelingen des Make-up das beste Licht gerade gut genug ist. Schminken Sie sich bei Tageslicht, kann verhältnismäßig wenig schief gehen, bei künstlicher Beleuchtung dagegen ist die Gefahr groß, daß Sie zu tief ins Töpfchen greifen. Denken Sie deshalb daran, daß nicht der Spiegel beleuchtet sein muß, sondern Ihr Gesicht!

Teint-Make-up und Deckkraft

Auch hier spielt wieder Ihre Haut die wichtigste Rolle. Ist sie von Natur aus fein und zart, haben Sie nichts zu vertuschen (Augenringe, Pigmentstörungen) und kommen mit einem transparenten Make-up aus. Es hat viel weniger Farbpigmente als ein deckendes und nur die Aufgabe, Ihre Haut noch schöner schimmern zu lassen. Tönungscremes sind eine Alternative zu solch einem durchsichtigen Make-up. Diese Cremes – eigentlich ganz normale Tagesschutzcremes – machen die Haut frisch, kaschieren aber nichts. Sie sind vor allem etwas für Bequeme mit promblemloser Haut – einmal eincremen genügt. Auch sportliche Mädchen, die beim Fitness-Training gepflegt aussehen möchten, verwenden gerne diese praktischen Schönmacher.

Kleine Unebenheiten heraus aus dem Gesicht und hübsches Ebenmaß hinein – das schafft eine Teint-Grundierung mit mittlerer Deckkraft, während gegen Hautfehler wie Pigmentflecke, erweiterte Äderchen, ja selbst kleine Narben ein stark deckendes Make-up das richtige ist (diese Produkte führen oft den Beinamen »compact«). Meist reicht es auch aus, nur auf die betroffenen Hautpartien eine stärker deckende Foundation (oder spezielle Abdeckstifte) und auf den Rest eine halbdeckende aufzutragen.

Teint-Make-up und gute Tips

- Cremen Sie Ihr Gesicht vorher ein, das Make-up läßt sich auf geschmeidiger Haut besser verteilen und verstreichen.

- Tragen Sie nie zu dick auf – die Grundierung soll keine undurchdringliche, unnatürliche Barriere auf der Haut bilden.

- Bei normaler und leicht fettiger Haut können Sie wie ein Profi das Make-up mit einem feuchten Schwamm auftragen – das Ergebnis ist perfekt. Aber die Methode ist nicht gerade sparsam und das Schwämmchen muß jedesmal gründlich ausgewaschen werden.

- Die Augenumgebung nicht vergessen. Beim Grundieren des Unterlids nach oben blicken und das Make-up besonders sanft eintupfen.

- Die Grundierung muß zum Hals und Haaransatz hin sorgsam verstrichen werden – Ränder sind häßlich.

- Abdeckstifte und Abdeckcremes sind praktisch, um Pickel, Augenschatten oder gerötete Partien abzudecken. Vorsicht bei zu trockenen Produkten (speziell antiseptischen Stiften), sie setzen sich in Fältchen ab und trocknen die Haut aus.

- Abdeckstift kommt über das Make-up, Abdeckcreme darunter. Sie muß gründlich eingetupft werden, sonst wird sie beim Auftragen der Foundation weggewischt.

- Korrekturstifte und -cremes immer im Hautton bzw. maximal einen Ton heller als das Teint-Make-up auswählen.

Puder – der feine Schleier

Wichtig: Pinsel und Quasten immer gut reinigen.

Möchten Sie, daß Ihre Haut sich anfühlt wie Samt und Seide? Dann geben Sie ihr den letzten Schliff mit einem Hauch Puder, den Sie nach dem Grundieren auf Gesicht (und Hals) aufstäuben. Am besten gelingt dies mit losem Transparentpuder und einem großen, weichen Puderpinsel: Pinsel in den Puder tauchen, das Zuviel an der Hand abstreifen (über dem Waschbecken) und dann in leichten Strichen über das Gesicht führen. Seien Sie nicht zu großzügig rund um die Augen, denn Puder setzt sich in Fältchen ab und betont sie. Ist Ihnen die Schicht ein wenig zu üppig geraten, nehmen Sie den Puder mit dem Pinsel oder einem Kosmetiktuch (nicht reiben, nur tupfen!) ab.
Gesichtspuder verfeinert die Haut, mattiert, läßt zuviel Glanz verschwinden, macht das Make-up haltbarer und schützt vor Wind und Wetter. Bei extrem trockener Haut werden durch Puder Hautschüppchen allerdings sichtbarer, Sie brauchen einen besonders leichten, mit Feuchtigkeitsfaktoren angereicherten Puder. Bei normaler bis fettiger Haut wird auch zwischendurch das Make-up mit Puder aufgefrischt. Dafür ist Compact-Puder (gepreßt) praktischer als loser. Puder soll einen Farbton heller sein als das Teint-Make-up, oder am besten transparent. Puder mit Glitzerstäubchen ist besonders für ein festliches Make-up, er läßt die Haut geheimnisvoll schimmern.
Auch für den Umgang mit Quaste und Pinsel gibt es natürlich ein paar Kniffe: Beginnen Sie immer in der Mitte des Gesichts und stäuben Sie den Puder mit sanften Strichen nach außen auf. Achten Sie auf den Übergang zum Haaransatz und vergessen Sie die

Kinnpartie nicht. Wenn Sie lieber eine Quaste (oder einen Wattebausch) nehmen, reiben oder wischen Sie damit nicht über das Gesicht, sondern drücken Sie sie nur behutsam auf die Haut. Überflüssigen Puder entfernen Sie problemlos mit einem weichen Pinsel oder tupfen ihn – ganz vorsichtig – mit einem feuchten Tüchlein ab. Damit der Puder nicht als dicke Schicht auf der Haut liegt, sondern als zarter Schleier Ihr Make-up perfekt macht.

Puder wird am besten mit einem weichen Puderpinsel aufgetragen.

Ihr schöner Augenblick . . .

. . . wird noch reizvoller, wenn Sie die Ausdruckskraft Ihrer Augen mit einem meisterlichen Make-up unterstützen. Gerade auch, wenn Sie mit der Form Ihrer Augen nicht zufrieden sind, sollten Sie sie nicht unscheinbar ungeschminkt lassen, denn mit Lidschatten läßt sich wunderbar »tricksen«: Kleine Augen können größer, eng zusammenstehende weiter auseinander wirken – je nachdem, ob Sie glänzende oder matte, zarte oder intensive Lidschatten verwenden. (Und sind Ihre Augen sowieso schon zauberhaft, werden sie mit dem richtigen Make-up noch strahlender.) Weil die Farben und Farbkombinationen der Augen-Produkte von Jahr zu Jahr, ja fast von Jahreszeit zu Jahreszeit wechseln, wollen wir hier bewußt auf einengende Vorschläge verzichten. Denn ob Sie mit der jeweiligen modischen Strömung liebäugeln (falls diese zu Ihrem Typ paßt), ist Geschmacksache. Weniger Geschmacksache ist das »know-how«, das »Gewußt-wie« eines Augen-Make-up. Wissen Sie da genau Bescheid, können Sie experimentieren, sich auch an ungewohnte und vielleicht gewagte Farbspielereien herantrauen. Noch etwas: Was für die Haut überhaupt gilt, nützt der empfindlichen Augenpartie doppelt – konsequentes Hegen und Pflegen. Ist die Haut trocken, spannt und sieht knitterig aus, dann gehört unter das tägliche Make-up eine spezielle Augencreme für den Tag.

Außerdem sollten Sie ausreichend schlafen, wenn Sie schöne Augen haben und behalten wollen, und sich als Zusatzpflege von Zeit zu Zeit eine cremige Augenmaske gönnen, die die Haut besonders verwöhnt.

Diese beiden Photos zeigen, wie verschieden Augen-Make-up wirken kann, je nachdem, wie man es aufträgt. Dasselbe Produkt wirkt feucht aufgetragen kräftiger in den Farben (links), und zarter, wenn es trocken aufgetragen wird (rechts). Die intensiven Farben des »feuchten« Make-up haften besser und wirken besonders bei gedämpftem Licht.

Puder- oder Cremepuder-Lidschatten immer nur auf abgepuderte Lider.

Flüssiger Lidschatten läßt sich exakt auftragen. Mit Transparentpuder fixieren!

Fetthaltiger Creme-Lidschatten ist pflegend. Für extrem trockene (aber faltenfreie) Augenlider.

Vier Vorschläge, wie Sie Ihre Augen perfekt und raffiniert betonen.

Erster Vorschlag: Die hellere Farbe bis zur Braue hinauf sanft und gründlich auftragen – gut gelingt dies mit der Fingerkuppe, noch besser mit Wattestäbchen (denn die Finger können leicht fettig sein und dann verschmiert das Make-up). Die zweite, die Kontrastfarbe (zu den Augen oder zur Kleidung passend), kommt auf den beweglichen Teil des Lides zwischen Wimpernansatz und Lidfalte. Ziehen Sie den Lidschatten nicht seitlich heraus – zumindest nicht für das Tages-Make-up! Die (gedachte) Linie vom äußeren Augenwinkel zum Brauenende ist die Begrenzung (siehe auch »Die Bleistiftprobe« auf Seite 50).

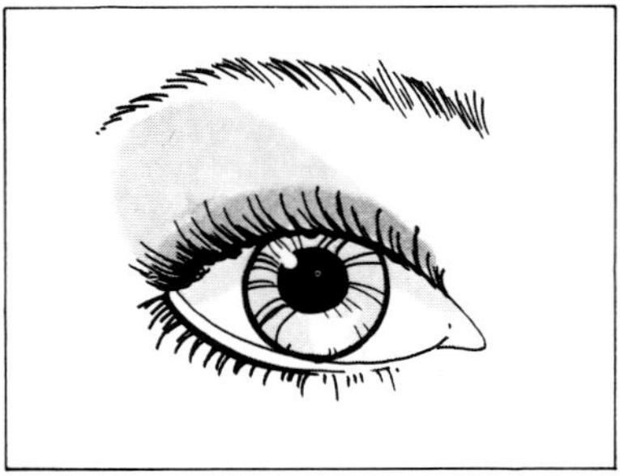

Lidschatten gibt es als Einer-Farbe und als Duo in harmonisch abgestimmten Farbtönen.

Zweiter Vorschlag: Auch hier wird der hellere der beiden Lidschattentöne bis knapp unter die Braue verteilt (das ist eigentlich immer der erste Schritt der »Augenmalerei«), der dunklere kommt darüber: Und zwar setzen Sie etwa in der Mitte des Lides am Wimpernansatz an und tupfen schräg zur Braue hoch. Das Schräge zusätzlich mit sorgfältig getuschten Wimpern unterstützen. Wichtig ist bei jedem Augen-Make-up, daß auch die Form der Brauen ideal ist – zu diesem Thema finden Sie auf Seite 50/51 Ratschläge und Tips.

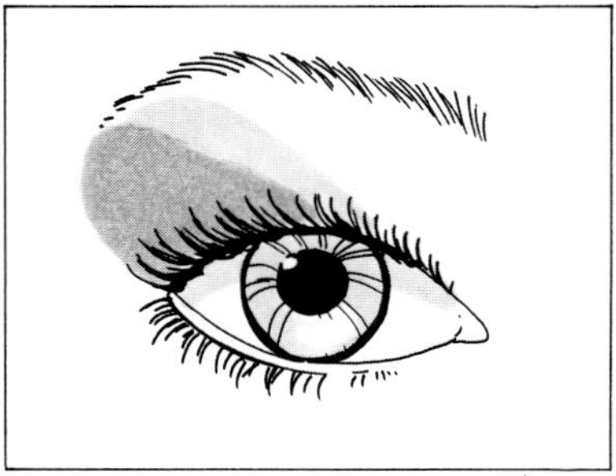

Dritter Vorschlag: Besonders apart – zwei Farben quasi »längsgestreift« aufgetragen. Der erste, der hellere Lidschatten (immer hübsch ist ein Beige-Gold-Braun) kommt über das ganze Lid, der kräftigere dann jeweils auf das innere und äußere Drittel, und zwar vom Wimpernansatz bis zur Braue. Gut ineinander verwischen. Dieses Verwischen, das Ineinanderübergehen der Farbnuancen, macht das Augen-Make-up hübsch natürlich. Großen, schönen Augen verschafft das hier vorgeschlagene Make-up noch mehr Geltung. Bei ungewöhnlichen Lidschattenfarben betonen Sie die Lippen weniger auffällig.

Achten Sie darauf, daß die Lider fettfrei sind (abpudern), damit der Lidschatten gut haftet.

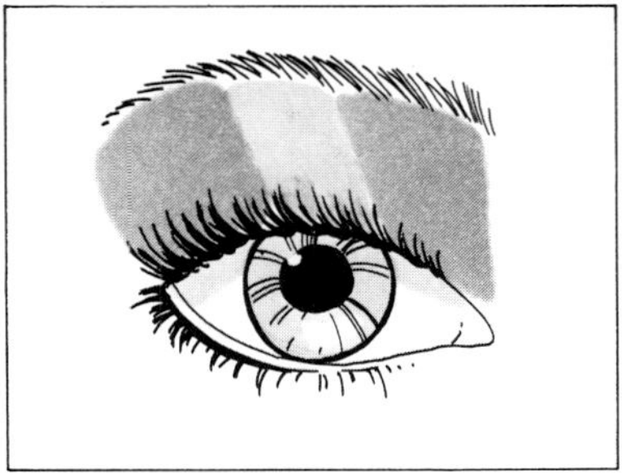

Vierter Vorschlag: Wenn Sie mal keine Zeit haben, verteilen Sie über das Lid hellen Schatten (oder zumindest Teint-Grundierung plus Transparentpuder) und ziehen Sie in der Lidfalte einen kontrastfarbenen, nicht zu breiten Schatten. Das kann mit einem zierlichen Lidschatten gemacht werden, aber auch mit einem weichen Kajalstift zum Beispiel. Die Lidfalte können Sie spüren, sie ist da, wo sich Augenapfel und der darüberliegende Knochen treffen. Der farbige Bogen sollte schön parallel zur Augenbraue verlaufen.

Für Strahle-Augen: Ein Tupfer Highlighter (Aufheller) unter den höchsten Punkt der Braue setzen.

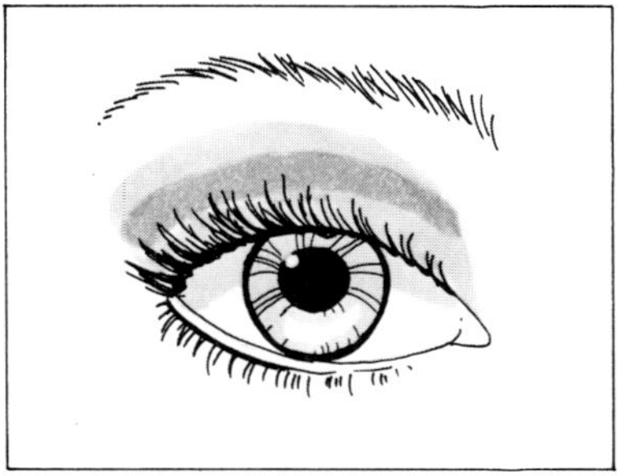

Sind Sie mit der Form Ihrer Augen unzufrieden? Mit ein wenig Mogelei werden sie schöner.

Zu kleine Augen? Mehr Glanz ist das ganze Geheimnis. Glanz vergrößert, Mattes dagegen nimmt zurück, verkleinert. Wenn es zu Ihrem Typ (Haut-, Augen- Haarfarbe) paßt, dürfen Sie kräftige, lebhafte Farben nehmen. »Öffnen« Sie das Auge zusätzlich mit Highlighter unter der Braue. Die Augenbrauen sollten übrigens bei kleinen Augen nicht zu wuchtig sein. Verboten außerdem: Die Augen mit Kajal zu umranden. Viel Wimperntusche dagegen ist sehr wichtig.

Hier ist die zweite Farbe nicht viel mehr als ein stark verbreiterter Lidstrich. Statt Lidschatten geht auch ein cremiger Stift.

Hervorstehende Augen? Dann bleiben Sie bei zurückhaltenden, dezenten Farben, bei Beige, Grau, hellem Braun. Verzichten Sie auf Glanz und Glimmer. Der hellere Lidschatten kommt wieder bis knapp unter die Braue, die matte Kontrastfarbe (etwa nebliges Blau, ein verwaschenes Grüngrau) als »katzenäugiger« Schatten auf das äußere Lid-Drittel. Er wird über den Winkel hinaus verlängert – das »streckt«. Ziehen Sie am unteren Wimpernrand einen Lidstrich (mit Lidschatten oder weichem Kajal).

Schlupflider? Hierbei ist der untere Teil des Augenlides kaum zu sehen. »Er ist weggeschlüpft.« Es kommt darauf an, ihn größer wirken zu lassen. Ein heller Ton kommt auf das ganze Lid und wird abgepudert (wichtig bei dieser Augenform)! Zwischen Lidfalte und Braue kommt die zweite, am besten zart irisierende Farbe. Dazu ein gemaltes Dreieck (Eyeliner) am Wimpernansatz. Günstig ist es auch, wenn die Kontrastfarbe als verwischter, schmaler Schatten am unteren Wimpernrand wiederholt wird.

Hier »verkrümelt« sich der Lidschatten gern, setzt sich ab. Ein Ausweg: wasserfeste Produkte verwenden.

Fallende Augen? Dann sehen Sie immer ein wenig traurig oder mißmutig aus. Grundieren Sie das Lid hell und ziehen Sie den Kontrast-Schatten ab Mitte Lid verbreitert nach oben zur Braue, die Übergänge – wie bei allen Make-up-Vorschlägen – gut verwischen. Das sieht einfach natürlicher aus. Weil bei dieser Augenform meist auch die Augenbraue »hängt«, muß diese korrigiert werden: Am Ende kürzer zupfen und, wenn nötig, darüber und weniger abfallend vorsichtig etwas dazustricheln.

Zusätzlich optisch angehoben wird das Auge, wenn Sie einen Lidstrich ziehen, der sich nach außen verbreitert.

Die Mandelform wird perfekt, wenn auch das Unterlid im äußeren Drittel farbig schattiert wird.

Zu eng zustammenstehende Augen? Wahrscheinlich müssen Sie zuallererst die Brauen in der Mitte sauber zupfen. Dann vergrößern Sie die innere Augenlidfläche, indem Sie die helle Lidschattenfarbe bis hinein in die Nasenwurzel ziehen, während der kräftigere Ton mandelförmig bis hinauf zu den Schläfen aufgetragen wird. Vergessen Sie dabei nicht das Unterlid und tuschen Sie die Wimpern im äußeren Drittel doppelt und dreifach.

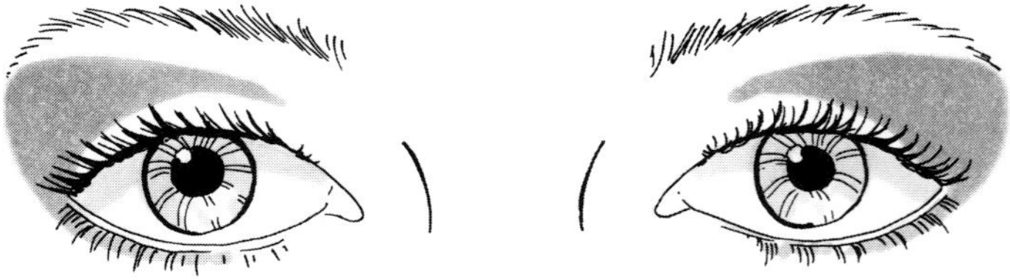

Der innere Augenwinkel muß durch farbigen, kräftigen Kontrast betont werden.

Weit auseinanderstehende Augen? Das ist sehr apart. Ist der Abstand zu groß, dann wird die Kontrastfarbe bis nah an die Nase herangezogen, auch am Unterlid, damit das betonende Schwergewicht nach innen verlagert ist. Bei dieser Art des Augen-Make-up ist es auch sehr hübsch, mit nur einer Farbe zu schminken, die aber verschieden nuanciert ist. Also einmal nur als Hauch und als Kontrast dann kräftiger aufgetragen wird.

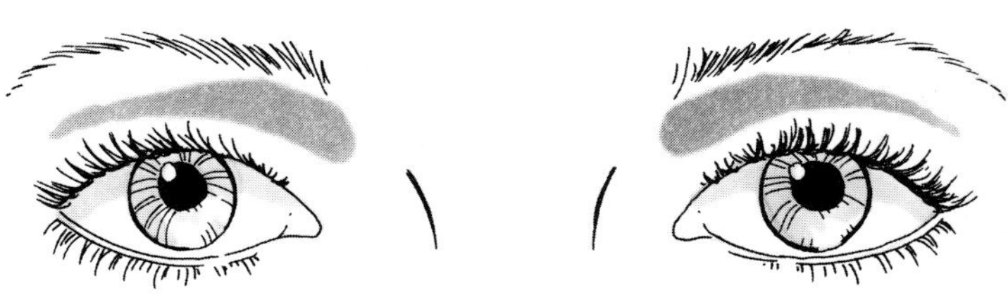

Lauter gute Tips rund ums Auge

Wasserfester perlmuttfarbener Highlighter ist eine ideale Grundierung für jeden Lidschatten. Einfach einen Tupfer auf das Lid geben und vom Wimpernrand bis zu den Augenbrauen verteilen.

Entfernen Sie Augen-Make-up mit Spezialprodukten: Pads, Augen-Make-up-Tüchern, Lotionen und Ölen. Sie alle lösen sanft.

Fixes Augen-Make-up: Wenn sie wenig Zeit haben, umranden Sie die Augen mit einem farbigen Stift. Damit es nicht wie gezirkelt aussieht, mit Wattestäbchen verwischen.

Ein Schaumstoffapplikator zum Auftragen der Lidschatten liegt den Produkten meist bei. Mit einem Wattestäbchen geht es mindestens so gut und ist hygienischer (weil man dieses nach Gebrauch wegwirft). Am besten gelingt das Verteilen des Lidschattens mit einem speziellen angeschrägten Pinsel, wie ihn Profis benutzen.

Glitzer-Make-up für große Feste: Flüssigen Glitzer – gibt es in vielen Farbtönen in Drogerien, Kaufhäusern oder Geschäften für Faschingsbedarf – vorsichtig mit dem Pinsel auf die Augenlider aufbringen.

Kajal oder Eyeliner sind bei strahlend großen Augen ein zusätzlicher Schönmacher. Dunkelblauer Kajal etwa läßt das Weiß der Augen besonders hell strahlen.

Ein reinigendes Bad brauchen Pinsel und Schaumstoffapplikatoren regelmäßig.

Schöne Wimpern und ideale Brauen machen das Augen-Make-up erst komplett!

Schöne Wimpern – ideale Brauen

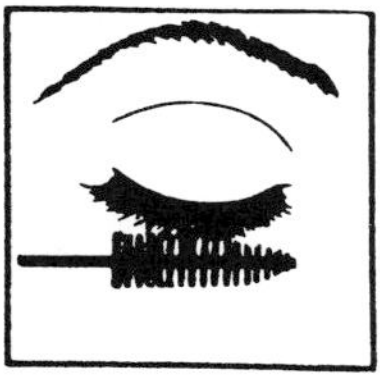

Selbst wenn Sie Lidschatten für überflüssig halten oder für ein Augen-Make-up keine Zeit haben, sollten Sie auf jeden Fall die Wimpern tuschen. Damit Ihre Augen richtig strahlen!

Tuschregeln

Zeit lassen! Kleine Fehler sofort mit Wattestäbchen entfernen.

Trocken und fettfrei müssen die Wimpern sein, bevor Sie Mascara auftragen. Ein Hauch Puder auf den Härchen läßt die Farbe besonders gut haften und verlängert zusätzlich.

Die oberen Wimpern zuerst tuschen. Blikken Sie dabei leicht nach unten, färben Sie die untere Wimpernseite, dann die obere.

Drei »Tusch-Gänge« mindestens sollten Sie machen. Zwischendurch die feinen Härchen mit einem Wimpernkamm trennen, damit Sie gar nicht erst zusammenkleben können.

Wimpern ohne Schwung? Mit einer Wimpernzange können Sie sie in Form bringen. Jedoch immer vor dem Tuschen und nur einmal biegen, sonst leiden die Härchen und brechen ab.

Abends die Tusche restlos entfernen! Nie mit getuschten Wimpern ins Bett gehen. Nicht nur, weil das Kopfkissen etwas abbekommt, sondern auch, weil es den Wimpern nicht gut tut. Außerdem können Hautreizungen entstehen. Wie überhaupt – das kann nicht oft genug wiederholt werden – die Haut abends von jeglichem Make-up gereinigt werden muß.

Die meisten Mascara-Produkte (wie Wimperntusche allgemein genannt wird) sind wisch- und haftfest. Wenn Sie auch beim Badengehen gern mit den Wimpern klimpern, verwenden Sie wasserfeste Tusche (und wasserfesten Lidschatten). Zum Abschminken brauchen Sie dann einen ölhaltigen Augen-Make-up-Entferner.

Lidstriche – ob exakt fein mit Eyeliner oder mehr natürlich-verwischt mit einem Kajalstift – werden vor dem Tuschen gezogen.

Es gibt auch Wimperntuschen, in denen winzige kleine Härchen enthalten sind. Sie legen sich beim Tuschen rund um das einzelne Härchen und lassen so die Wimpern länger und dichter erscheinen. Vorsicht, wenn Sie Kontaktlinsen tragen – allzuleicht gerät so ein Härchen ins Auge und kann dort zu Reizungen führen.

Eine Wimper hat – genau wie alle anderen Körperhaare – natürlich nur eine begrenzte Lebensdauer. Sie beträgt im Durchschnitt zwei Monate, dann fällt sie aus, eine neue wächst nach. In diesen zwei Monaten sollten Sie Ihren Wimpern auch ein bißchen Pflege gönnen. Dafür gibt es speziellen Wimpernbalsam. Vertrauen Sie nicht auf »Geheimrezepte« wie Rizinusöl. Damit können Sie die empfindlichen Augenlider unnötig reizen und anschwellen lassen.

Junge Mädchen können statt Mascara Wimpernglanz nehmen – er gibt seidigen Glanz und pflegt gleichzeitig. Darüber aber nicht tuschen!

Rabenschwarze Wimperntusche sollten sich für das tägliche Make-up nur sehr dunkelhaarige Frauen leisten, bei allen anderen würde sie zu hart und unecht wirken. Blonde oder brünette Frauen haben die Wahl zwischen Braun, Blau oder etwa auch Grau. Haben Sie sehr helle und womöglich auch noch spärliche Wimpern, lassen Sie sie beim Friseur oder der Kosmetikerin färben. So eine Dauerfärbung hält acht Wochen vor und läßt die Wimpern – werden sie dann zusätzlich getuscht – doppelt dicht wirken.

Haben Ihre Brauen den Bogen raus?

Die Bleistiftprobe:

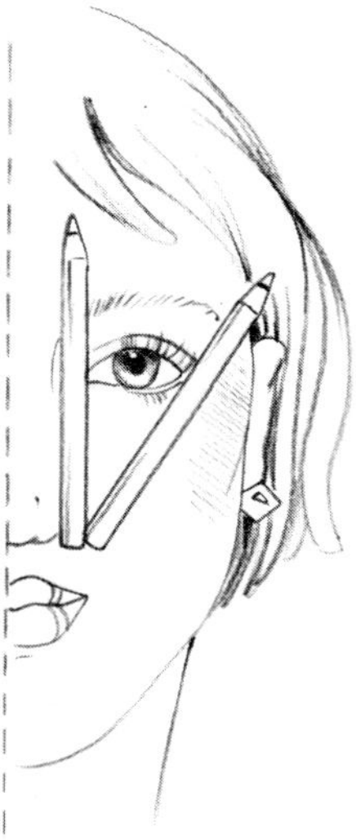

Ausgangspunkt ist der Nasenflügel. Mit einem Stift, der genau senkrecht nach oben zeigt, finden Sie den Anfang der idealen Braue. Das Ende dagegen ergibt sich, wenn der Stift von der Nase in Richtung äußerer Augenwinkel angelegt wird.

Was wäre ein Augen-Make-up ohne schön geschwungene, zum Gesicht harmonierende Brauen? Leider – auch sie haben nicht immer von der Natur die ideale Linie mitbekommen (wie diese sein sollte, zeigt die Zeichnung). Diese perfekte Form bleibt perfekt, auch wenn die Moderichtung etwas anderes verlangt: Etwa, den natürlichen Brauenwuchs zu ignorieren, sie abzurasieren und darüber eine neue, künstliche Linie zu ziehen. Oder wenn buschige Brauen zum finsteren Schönheitsideal erkoren werden. Mit Sicherheit liegt das Ideal dazwischen. Und mit etwas Geduld und korrigierendem Zupfen gelingt der erwünschte Schwung.

Zupfen Sie immer nur am inneren Bogen der Augenbrauen (auch deshalb, damit die Fläche zwischen Wimpern und Brauen möglichst groß ist, denn auch dies läßt die Augen größer und strahlender wirken). Außerdem, wenn's nötig ist, am Anfang und am Ende korrigieren. Gezupft wird immer nach der Reinigung des Gesichtes. Dafür spannen Sie mit der freien Hand die Hautpartie leicht und ziehen die Sie störenden Härchen mit einem Ruck (und einer Pinzette natürlich) in Wuchsrichtung heraus. Das ist mehr oder weniger schmerzhaft, doch man gewöhnt sich daran. Es ist eben ein kleiner Beweis dafür, daß, wer schön sein will, eben auch ein bißchen leiden muß. Wenn Sie aber regelmäßig zupfen, werden Sie zum Experten und spüren den kleinen Ruck bald nicht mehr. Diesen Teil Ihrer Schönheitspflege erledigen Sie am besten, bevor sie zu Bett gehen, denn die Haut kann – muß nicht – ein wenig anschwellen und sich röten. Reizen Sie sie nicht zusätzlich, im Moment verträgt sie höchstens unparfümierten Puder.

Wenn Sie viel zupfen müssen, tun Sie dies trotzdem zaghaft, sonst bleibt am Ende nichts mehr von Ihren Brauen übrig. Verhältnismäßig ungefährlich ist das Korrigieren über der Nasenwurzel. Sind die Brauen dort zu eng zusammengewachsen, sollten die überzähligen Härchen entfernt werden. Müssen Sie am Brauenende etwas wegnehmen, tun Sie dies möglichst wenig forsch!
Fast noch schwieriger als das Zupfen ist das Dazumogeln! Es ist aber nötig, wenn die Brauen von Natur aus zu dünn und spärlich sind. Nehmen Sie immer nur einen Augenbrauenstift, der der Naturfarbe entspricht, und stricheln Sie in Wuchsrichtung Härchen dazu. Ziehen Sie niemals einfach einen Strich auf der Braue. Das sieht wie angemalt aus. Auch hier sind Wattestäbchen die besten Helfer – sind die Striche nicht richtig zart geworden, wischen Sie mit den Stäbchen Überflüssiges weg.
Ist Ihr Make-up rundum fertig, werden die Brauen mit einem Bürstchen in Form gebracht. Fotomodelle haben dafür einen Trick in ihrem Schönheitskästchen: Einen Hauch Haarspray auf das Bürstchen sprühen und damit dann die Brauenhärchen in Schwung bringen.

Hübsche Augen hinter Glas

Schaut man sich in Zeitschriften und Journalen für Mode und Schönheit um – kaum eines der Fotomodelle hat eine Brille auf der attraktiven Nase. Das ist unverständlich, denn immerhin tragen rund 55 Prozent aller Frauen eine Brille bzw. müßten dies tun. Zum Glück sind die Zeiten vorbei, da Frauen es als Schmach oder gar Unglück ansahen, wenn sie eines Tages eine Brille benötigten (wozu alberne Sprüche wie »eine Frau mit Brille – mein letzter Wille« gewiß beigetragen haben). Vorbei auch die Zeiten, da die Brille im Kino oder Theater erst verstohlen hervorgeholt wurde, wenn es endlich dunkel geworden war. Oder immer schnell abgenommen wurde, sobald jemand ins Zimmer trat.

Heute sehen viele Frauen eine Brille als zusätzliches modisches Accessoire an, mit dem sie ihren Typ herausstellen oder auch mal verändern können. Kein Kunststück, denn mittlerweile gibt es Fassungen in allen möglichen Formen und Farben und für jede Gelegenheit. Da kann die Entscheidung schwerfallen – deshalb sollten Sie zum Aussuchen einen Ihnen wohlgesinnten Menschen und viel Zeit mitnehmen. Da die meisten von uns sich mit einer Brille (oder höchstens zwei) begnügen, darf diese nicht gar zu ungewöhnlich ausgefallen, sondern sollte neutral sein, zu allem gut passen. Kann man sich mehrere Brillen leisten, dann kann man natürlich mit der einen oder anderen modischen Wagemut zeigen.

Beim Make-up für die Augen müssen Brillenträgerinnen einiges beherzigen – blättern Sie um. . .

Augen-Make-up für Kurzsichtige

Je stärker die Gläser sind, um so kleiner wirken die Augen dahinter. Das Rezept dagegen heißt Farbe und Glanz! Am schönsten sind kräftige (natürlich zum eigenen Typ passende) Farben, die eine Spur leuchtender sein dürfen als für ein Make-up ohne Brille – denn Glas schluckt Farbe! »Öffnen« Sie das Auge, indem Sie Farbe auf das ganze Lid und auch dicht am unteren Wimpernansatz auftragen. Außerdem macht ein Tupfer Aufheller auf der Lidmitte die Augen groß und ausdrucksvoll. Verzichten Sie auf Kajal und Eyeliner, sie »engen« das Auge ein. Zum Ausgleich: viel Wimperntusche.

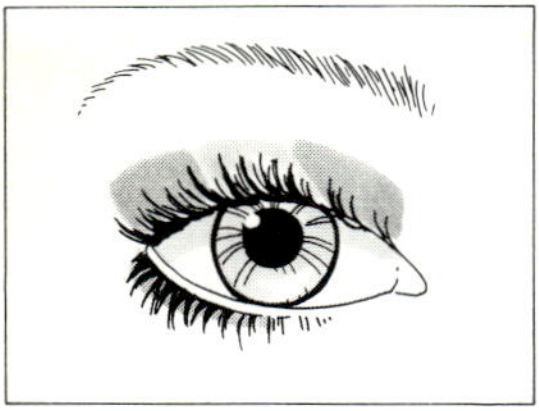

Augen-Make-up für Weitsichtige

Nicht nur Ihre Augen scheinen unnatürlich groß, leider werden auch Fältchen deutlicher. Weswegen leicht (!) getönte Gläser vorteilhaft sind. Für das Make-up nur matte, ruhige Lidschatten verwenden mit dazu passenden Kajalstiften. Üppige Farbenpracht ist unangebracht, dafür sollte das Make-up sehr akkurat und dezent sein. Cremiger Lidschatten eignet sich besser als Puder, der sich leicht in der Lidfalte absetzen kann – hinter Glas fällt das doppelt auf. Immer hübsch ist es, wenn Brillenfassung und Lidschattenfarbe miteinander harmonieren, also Ton in Ton sind (das gilt natürlich auch für das kurzsichtige Auge). Sie können auch ganz auf Lidschatten verzichten und dafür mit matt-farbigem Kajalstift das Auge einrahmen.

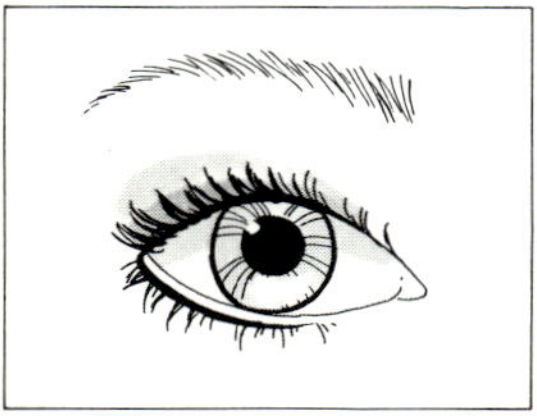

Ein wenig Brillenkunde

Zum runden Gesicht passen leicht ovale bis eckige, nicht zu feinrandige Brillen. Das ovale Gesicht verträgt alles, von rund bis eckig, von oval bis schmetterlingsförmig, das eckige Gesicht dagegen runde und ovale Fassungen. Dem dreieckigen Gesicht stehen große Gläser gut, sie sollen nicht zu weit über die Brauen hinausragen (betont die Stirn zu stark).

Für die »Hinter-Glas-Malerei« besser flüssige oder cremige Lidschatten verwenden.

Optimal, wenn Brauen und Brillenrand parallel verlaufen. Außerdem müssen die Brauen stets sorgfältig gezupft sein.

Als Gegengewicht zur Brille die Lippen perfekt schminken.

Lange Wimpern sind schön, zu lange reiben sich an den Brillengläsern. Also – hochbiegen und dann tuschen.

Blonden, hellhäutigen Frauen stehen helle (aber keine gelben oder grünen – machen bleich) Fassungen, Dunkelhaarige können helle und dunkle Rahmen tragen. Jedoch nicht zu dunkle, das wirkt düster.

Brille und Ponyfransen kommen sich meist ins Gehege – mit kleinen Gläsern lösen Sie das Problem.

Brillen regelmäßig säubern: Mit lauwarmem Wasser und einem Tropfen Geschirrspülmittel.

Eine große Nase wirkt durch eine Brille kleiner, wenn deren Steg (das verbindende Mittelstück) nicht zu zierlich und nicht nach oben gebogen ist. Kurze oder breite Nasen vertragen einen hoch angesetzten Steg.

Macht müde Augen munter – in Kamillentee getränkte Watte-Pads.

Kontaktlinsen stehen einem Make-up nicht im Wege. Allerdings: Keine fetten Cremes für die Augenpartie, keine Wimperntusche mit verlängernden Härchen und auf cremige Puderlidschatten ausweichen! Vor dem abendlichen Abschminken die Kontaktlinsen herausnehmen.

Lassen Sie Ihren Mund für sich sprechen

»Lippenstifte, zu den dekorativen Kosmetika zählende, meist rot- bis violettgetönte, fetthaltige Massen in Stangenform zum Färben und Konturieren der Lippen. . . « Mit solchen mehr als nüchteren Worten beschreibt Meyers Lexikon das am häufigsten verwendete Schönheitsmittel – denn immerhin benutzt auch hierzulande jede zweite Frau einen Lippenstift. Als »Stift« gibt es ihn erst seit den Zwanziger Jahren, damals war er ein hartes, trockenes, zähes Ding. Wenige Jahre später hatten die Chemiker ihn weiterentwickelt, er war weicher, fetthaltiger und somit auch pflegender geworden. Um 1950 herum dann endlich wurde der Drehstift in Amerika geboren – sein Inhalt war kompakt, deckend und haftete gut. Neben den Augen sind die Lippen der attraktivste Blickfang im Gesicht. Betonen Sie jedoch nicht beide Partien gleich stark, das könnte übertrieben aussehen. Wenn Sie gern einmal eine auffällige, knallige Lippenstiftfarbe tragen, dann sollten Sie sich beim Augen-Make-up beschränken und auf zarte, zurückhaltende Schattierungen zurückgreifen. Lippenstift macht Ihren Mund nicht nur schön und verführerisch, er pflegt die Lippen auch. Denn deren Haut ist äußerst empfindlich (schließlich hat sie keine Talgdrüsen), wird leicht rauh und spröde und reagiert auch bei Sonne empfindlich. Deshalb sollten Sie zumindest Lippenbalsam oder einen Lippenpflegestift (gibt es auch leicht getönt), möglichst mit einem UV-Filter, zum Schutze der feinen und dünnen Haut verwenden – besonders, wenn Sie viel im Freien sind.

Mögen Sie tagsüber nicht immer wieder Ihre Lippen nachziehen oder sind Sie auch mal ganz ohne Farbe, benutzen Sie wenigstens einen pflegenden Lippenbalsam. Wenn Sie ein Rot-Fan sind, also gern rote Kleider oder Pullis tragen, müssen Sie aufpassen, denn Rot und Rot beißt sich gern. Selbst wenn der Lippenstift den gleichen Farbton hat wie die Kleidung, kann er auf der Haut der Lippen dann ganz anders wirken. Manchmal erreicht man den gewünschten Farbton ganz einfach durch Mischen: zwei miteinander harmonierende Lippenstiftfarben sorgfältig übereinander auftragen.

Lippen – perfekt geschminkt

1. Schritt

Die Mundpartie darf beim Make-up von Anfang an nicht vergessen werden: Auf die Lippen kommt Tagesschutz, Teint-Make-up und sie werden auch abgepudert. Solchermaßen vorbereitet, läßt sich Lippenstift genauer auftragen und haftet länger.

2. Schritt

Mit einem teintfarbenen, einem zum Lippenstift passenden oder einem einen Ton dunkleren Konturenstift zeichnen Sie zuerst die Konturen Ihrer Lippenform nach. Ein bewährter Trick für Neulinge: Markieren Sie auf der Oberlippe genau senkrecht unter den Nasenlöchern jeweils einen Punkt. Darunter senkrecht wiederum bekommt die Unterlippe ihre Punkte. Von diesen Hilfs-Pünktchen aus ziehen oder stricheln Sie nach außen hin die Lippenbegrenzung. Nicht bis in die Mundwinkel hinein, knapp vorher aufhören. Mit der Kontur halten Sie die Lippenfarbe im »Rahmen«! Das ist bei weichen, cremigen (und damit pflegenden) Produkten ein Vorteil, weil nun nichts mehr so leicht nach außen »wegläuft«.

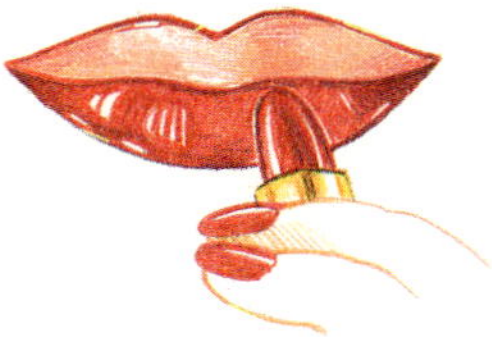

3. Schritt

Profis tragen die Lippenfarbe mit einem Lippenpinsel auf. Probieren Sie es auch. Das ist anfangs zeitraubend und mühselig, doch haben sie mit dem Pinsel einfach ein »direkteres« Gefühl für Ihre Lippen. Öffnen Sie die Lippen leicht und tragen Sie die Farbe von der Mitte nach außen auf, die Mundwinkel bleiben frei. Denn dahin »kriecht« die Farbe von ganz allein.

Schwören Sie seit Jahren auf die gleiche Farbe? Probieren Sie doch eine neue aus! Sie werden verblüfft sein, wie ein anderer Ton Sie verändert!

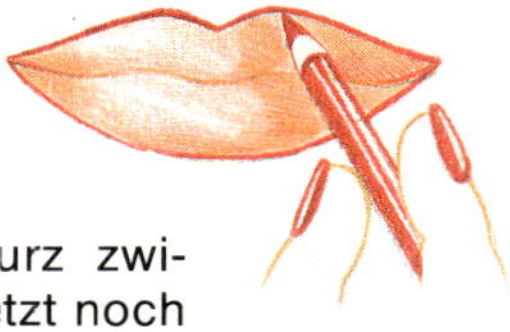

Nehmen Sie ein Kosmetiktuch kurz zwischen die Lippen und tragen Sie jetzt noch eine dünne Schicht Lippenfarbe auf – so machen es Perfektionisten. Perlmuttschimmernden Lippenstift allerdings nicht abtupfen, er würde den Schimmer verlieren.

Je cremiger und damit fetthaltiger der Lippenstift ist, desto hautfreundlicher ist er auch! Leider muß er jedoch öfter neu aufgetragen werden.

Gloss oder kein Gloss?

Mit Lip-Gloss ist es wie mit Eyeliner – mal ist er in Mode, mal nicht. Fotomodelle benutzen ihn nach wie vor, schließlich sehen die Lippen wie gelackt aus. Farbiger Gloss anstelle eines Lippenstiftes ist hübsch für junge Mädchen. Einfach die Lippen mit dunklem Konturenstift umrahmen und dann mit farbigem Gloss ausfüllen!

Korrekturen – leicht gemacht

Vergessen Sie alle schminktechnischen Anweisungen, die dabei helfen sollen, die Form Ihrer Lippen zu verändern. Denn neue Konturen malen – und darauf läuft es ja hinaus – das können höchstens Maskenbildner. Trotzdem läßt sich an der Form der Lippen etwas verändern – einfach mit Farbe!

Ist Ihr Mund zu groß?

Knalliges Rot ist ebenso tabu wie alle hellen, auffälligen Farben sowie blau- und gelbstichigen Töne. Vorteilhaft dagegen warmes Braun-Rot. Auch auf Perlmutt oder goldschimmernde Lippenstifte verzichten Sie besser. Decken Sie die Lippen mit Teint-Make-up ab (natürlich nur, wenn das ganze Gesicht grundiert ist!) und ziehen Sie die Kontur so unauffällig wie möglich. Ein Tip: Lieber die Augen betonen!

Ist Ihr Mund zu klein?

Hüten Sie sich davor, etwas dazuzumogeln, also über die eigentliche Form hinauszumalen – das sieht nur bei einem Clown lustig aus. Zeichnen Sie die Kontur am äußersten Rand der Lippenbegrenzung in genau der Lippenstiftfarbe: hell, glänzend und leuchtend-rot. Reichlich Glanz darüber tupfen.

Ist eine Lippe schmaler?

Schminken Sie die jeweils schmalere Lippe einen Ton heller als die andere – das ist die »leichteste« Form, sie voller wirken zu lassen. Umgekehrt geht's ebenso: Wollen Sie eine Lippe weniger auffällig haben, wird sie dunkler nachgezogen.

Zeigen die Mundwinkel nach unten?

Benutzen Sie klare Farben und viel Lip-Gloss, das auf die Mitte kommt. Achten Sie darauf, daß weder Konturen- noch Lippenstift bis in die Mundwinkel hinein aufgetragen wird. Das beste Rezept: Mehr lächeln!

Noch mehr Lippenbekenntnisse

Beim Eincremen für die Nacht die Lippen nicht vergessen. Ein Extratip: Verwenden Sie dafür Augenpflegecreme. Denn was für die Augenpartie gut ist, pflegt auch die dünnhäutigen Lippen.
In einem runden Gesicht den Mund nicht überbewerten; zu einem großen Gesicht passen lebhafte Rottöne für die Lippen; ein längliches Gesicht wirkt durch den horizontal (bis in die Mundwinkel hinein!) betonten Mund besser proportioniert.
Sind Sie blond und zarthäutig? Dann steht Ihnen Braun-Rosa gut. Zu eher rötlichen Haaren harmoniert Rostrot und dunkelhaarige Frauen dürfen intensive, leuchtende Farben benutzen.
Bei spröden Lippen zusätzlich einen Pflegestift verwenden. Besonders, wenn Sie sich viel im Freien oder in Räumen mit zu trockener Luft aufhalten.
Machen Sie sich kein X, sondern ein U vor – damit sich Fältchen erst gar nicht einnisten. Und zwar so: Sagen Sie jeden Tag mehrmals und mit deutlichen Mundbewegungen die Vokale A, E, I, O und U vor sich hin. Das trainiert die Muskulatur um den Mund.
Es sollte selbstverständlich sein, daß Ihre Zähne in Ordnung sind, sie gehören nun mal zu einem schönen Mund. Sind sie von Natur aus eher gelblich, benutzen Sie keine zu leuchtenden oder grellen Lippenstifte, sondern zarte Pastellfarben.
Den »kußechten« Lippenstift gibt es zum Glück nicht, weil er (soll die Farbe bombenfest haften) zu viele Farbpigmente enthalten müßte, die die Lippen regelrecht anfärben und damit austrocknen würden!
Für den Abend: Zusätzlich Lip-Gloss mit Gold- und Silberpartikelchen.

Immer nur lächeln! Das verschönt jeden Mund.

Raffiniert ist ein Tupfer Gold oder Silber (oder Highlighter) auf dem »Herzbogen« des Mundes.

Ins Bett nur ohne Farben auf den Lippen! Besonders kräftige Töne entfernen Sie problemlos mit Augen-Make-up-Entferner!

Rouge – der schöne Schimmer

Rouge gibt einem Make-up den letzten Schliff, ist sozusagen der Höhepunkt. Es zaubert Frische, Jugendlichkeit und mehr Ausdruckskraft in jedes Gesicht. Mit Rouge läßt sich auch eine weniger perfekte Gesichtsform optisch korrigieren. Wichtig ist nur, daß das Wangenrot an der richtigen Stelle sitzt und daß der Farbton stimmt – je nachdem, ob etwas betont oder eher zurückgenommen werden soll. Frauen mit einem ebenmäßigen, ovalen Gesicht tragen Rouge innerhalb des markierten Dreiecks auf, wie es die kleine Skizze hier zeigt. Auf den folgenden Seiten können Sie sehen, wie ein Gesicht mit Hilfe von Rouge schmaler, kürzer oder länglicher wirkt. Sie sollten aber auch wissen, daß nicht jedes Rouge zu jeder Haut paßt. Puderrouge z. B. sollte nur auf abgepuderte Haut (sonst wird es evtl. flekkig) und wird mit einem weichen, großen Pinsel zart aufgestäubt. Cremerouge dagegen wird direkt über die Teintgrundierung aufgetupft und verteilt (nicht verrieben!). Es ist für trockene Haut gut geeignet und kann – wie spezielle Rougestifte auch – als Muntermacher direkt auf »nackter« Haut aufgetragen werden (wenn Sie mal gar kein Makeup mögen).

Ihr Rouge sollte auf den Lippenstift abgestimmt sein. Testen Sie vor dem Kauf die Farbe auf Ihrer Haut. Für ein Abend-Makeup können die Farben um ein oder zwei Nuancen kräftiger sein – sehr effektvoll, wenn darüber dann ein Hauch Goldpuder kommt.

Und der unübersehbare Vorteil von Rouge: Es ist ein Zaubermittel, wenn es darum geht, mit ein paar Tupfern die Gesichtsform optisch dem idealen Oval anzugleichen.

Rougeverteilung im ovalen Gesicht

Beim runden Gesicht bedeutet das: Reichlich Rouge dort aufzutupfen, wo das Gesicht verschmälert werden soll. Mattes Rot (auch Bräunlichrot) wird wie ein Dreieck aufgetragen und korrigiert so die »Pausbäckchen«, das Gesicht wirkt zarter. Extra-Tip: Zusätzlich zum wie hier gezeigt verteilten Rouge einen helleren, glänzenden Farbton genau auf die Wangenknochen geben, das betont sie. Die beiden Farben immer gut ineinander verlaufen lassen.

Das viereckige Gesicht hat naturgemäß große Wangenflächen, die auch viel Rouge vertragen, gekonnt und an der richtigen Stelle verteilt natürlich. Tupfen Sie ein mattes, zurückhaltendes Rot unterhalb der Wangenknochen und dann aufwärts in Richtung Ohren bis hoch zu den Schläfen auf die Haut. Wenn Sie eine kräftige Nase haben, gehen Sie mit dem Rouge nicht zu nahe an sie heran, damit sie nicht eigens betont wird. Wie beim rundlichen Gesicht kann ein helleres und glänzenderes Rot oberhalb des dunkleren Rougetons aufgetragen werden, muß aber nicht.

Beim länglichen Gesicht kommt es darauf an, es ein wenig kürzer wirken zu lassen, deshalb wird es mit lebhaftem Rouge unterteilt. Dazu kommen je ein dreieckiger Tupfer auf die Stirn am Haaransatz (wenn die Frisur dies nötig macht) und auf das Kinn. (Das ein wenig schwere Kinn bei entsprechender Gesichtsform wird korrigiert, wenn man dunkles Rouge direkt auf die »schwache« Stelle bis in den Hals hinein verstreicht.) Die Merkregel lautet also: Helle, glänzende Rottöne, wenn Sie etwas hervorheben wollen und matte, gedeckte, wenn »zurückgenommen« werden soll.

Sie sollten nichts kaschieren, sondern hervorheben, was den Reiz des dreieckigen Gesichtes ausmacht: die hohen Wangenknochen. Geben Sie das Wangenrot auf deren höchsten Punkt und verteilen Sie es sorgfältig (bei welcher Gesichtsform auch immer – Rouge darf keine Ränder haben, nicht nach »gesunden Apfelbäckchen« oder wie hektische Flecken aussehen!). Bei dieser Gesichtsform könnte höchstens die dominierende Stirn optisch etwas schmaler gemacht werden, und zwar so: schmalen Rougestreifen von der Braue nach oben zum Haaransatz eintupfen. Das Ganze muß äußerst zart sein – sonst sehen Sie gestreift aus.

Kennzeichnend für das trapezförmige Gesicht sind die breiten Kieferknochen. Und hier wird auch der »Rouge-Trick« angewandt, denn sie müssen durch einen behutsam aufgetupften matt-dunklen Farbton weggemogelt werden. Hell-glänzendes Rouge dagegen betont die Partie zwischen Schläfe und oberer Wangenpartie.

Schön bis in die Fingerspitzen!

Ihre Hände sind eine Art Aushängeschild, das regelmäßige Haut- und Nagelpflege verlangt. Reservieren Sie sich dafür eine ruhige Stunde, denn Sie brauchen diese Zeit, wollen Sie Ihre Nägel perfekt maniküren und lackieren. Ob Sie lieber farblosen oder zum Lippenrot passenden oder farblich ungewöhnlichen Nagellack bevorzugen – immer sollten die Hände gepflegt sein. Wofür Sie einiges tun müssen, denn auch diese Haut ist meist dünn und trocken, leidet unter allen möglichen Umweltbelastungen und unter der Hausarbeit.

Gewöhnen Sie sich an,

- neben Wasch- und Spülbecken eine Tube Handcreme aufzubewahren, damit Sie nach jedem Wasserkontakt die Hände damit eincremen können;
- bei allen Hausarbeiten Gummihandschuhe zu tragen. Das mag Ihnen anfangs unbequem erscheinen, tut aber Ihren Händen gut;
- abends die Hände mit ins Hautpflegeprogramm einzubeziehen, sie mit Nachtcreme zu versorgen. Eine Sonderbehandlung tut not, wenn die Haut schon rauh und spröde ist: Tragen Sie eine dicke Schicht Creme auf, ziehen Sie leichte Baumwollhandschuhe darüber und lassen das Ganze über Nacht einwirken;
- im Sommer ein Sonnenschutzmittel zu verwenden und im Winter nie ohne Handschuhe aus dem Haus zu gehen;
- immer mal etwas Gymnastik zu treiben, damit die Finger gelenkig bleiben: Hände ballen, Fäuste mit Schwung öffnen und dabei die Finger auseinanderspreizen.

Auch die Fingernägel sollten zum Make-up und zur Garderobe passen – Sie brauchen daher verschiedene Nagellackfarben!

Der alte Lack muß ab

Sparen Sie nicht an der falschen Stelle und verwenden billigen, aggressiven Lackentferner, sondern nehmen Sie einen möglichst schonenden mit pflegenden Substanzen. Tränken Sie einen Wattebausch, drücken diesen kurz auf den Nagel und wischen die alte Schicht zur Nagelspitze hin weg.

Feilen – aber mit Gefühl

Mit einer Sandblattnagelfeile, die eine grobe und eine feine (für den letzten Feinschliff an den Ecken) Seite hat. Feilen Sie nur in eine Richtung, von der Ecke zur Nagelmitte hin.

Ein Weichmacher-Bad

bekommen die Finger erst nach dem Feilen der Nägel! Es gibt spezielle Fingerbad-Zusätze, doch lauwarmes Seifenwasser (oder Wasser mit einem Spritzer Shampoo, schließlich bestehen Haare und Nägel aus der gleichen Substanz) tut es bestens. Sinn des Badens: die Nagelhaut zu erweichen.

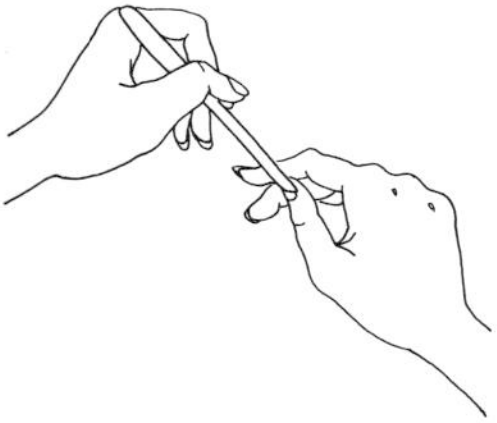

Scheren sind tabu

Nicht nur beim Kürzen der Nägel, auch beim Entfernen des Nagelhäutchens, das äußerst empfindlich und leicht verletzlich ist. Benutzen Sie – genau nach Gebrauchsanweisung bitte – einen Nagelhautentferner.
Nach der Einwirkzeit läßt sich überflüssige Haut vom Nagel lösen und die Nagelhaut sanft mit einem Holzstäbchen zurückschieben. Sanft, damit die Nagelhaut nicht verletzt wird. Gewöhnen Sie sich außerdem an:

- beim Händeabtrocknen jedesmal mit dem Handtuch die Nagelhaut zurückzuschieben, dann wächst sie erst gar nicht fest.
- abends Nagelcreme einzumassieren, die Nagelhaut wird nicht mehr spröde und der Nagel wächst gesünder nach.

Übung macht den Meister...

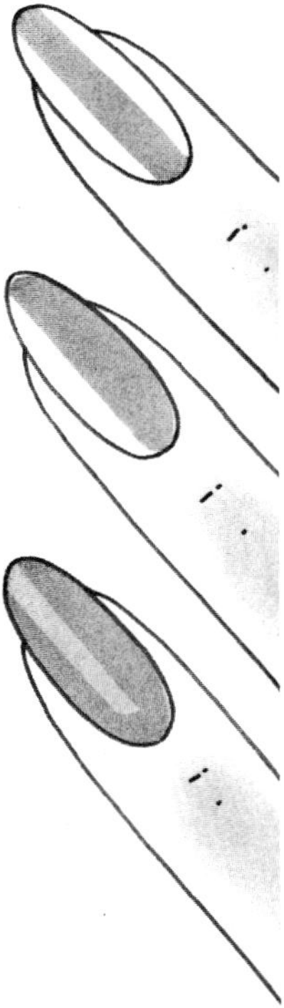

...auch beim Lackieren der Fingernägel. Der ganze Trick besteht aus drei exakten Pinselstrichen in der hier gezeigten Reihenfolge. Führen Sie den Pinsel nicht zu zaghaft immer von unten zur Nagelspitze hin. Außerdem: Nehmen Sie sich Zeit! fünf Minuten vor einer Verabredung kann das Lack-Werk nicht gelingen. Lackiert werden nur trockene, fettfreie Nägel, notfalls gehen Sie vorher noch einmal leicht mit Lackentferner darüber. Unter farbige Lacke erst eine Schicht Unterlack (Base Coat) auftragen, denn die kräftigen Farbpigmente können (wenn Sie regelmäßig lackierte Nägel haben) den Nagel verfärben. Danach kommen mindestens zwei dünne, gleichmäßige Schichten des Farblackes, passend zum Beispiel zu Ihrem Lippenstift oder auf die Hand- und Nagelform abgestimmt: Schmalen Händen mit ovalen Nägeln ist alles erlaubt, breite Nägel werden seitlich nicht ganz ausgefüllt und hell und permuttglänzend lackiert. Auch kleine Hände mit ebenso kleinen Nägeln sehen hübscher mit hellen als mit dunklen Lacken aus. Ganz perfekt sind Sie, wenn Sie jetzt noch Überlack (Top Coat) verwenden, der die Farben zum Leuchten bringt. Lassen Sie nach jedem »Arbeitsgang« fünf, besser zehn Minuten vergehen, damit der Lack jeweils gut durchgetrocknet ist. Lackierte Nägel sind übrigens besser vor dem Austrocknen (durch Laugen und Wasser oder Kälte etwa) geschützt als unlackierte! Sind Ihre Nägel jedoch strapaziert und spröde, brechen und splittern leicht, dann helfen Nagelcremes und Nagelhärter. Sie brauchen aber Geduld, denn bis ein Nagel sich erholt und erneuert hat, vergeht ein gutes halbes Jahr!

Am Schluß nicht vergessen: Hände sorgfältig eincremen!

Make-up für die reife Haut

Glaubt man der Statistik, beginnt für den Großteil der Frauen jenseits der 40 eine farblose Zeit. Denn sie verwenden höchstens noch ein wenig Lippenrot – und sonst gar nichts. Das ist schade. Denn auch eine Frau in den besten Jahren sieht mit einem typ- und hautgerechten Make-up allemal attraktiver und frischer aus als ohne. Vorausgesetzt, sie pflegt sich vernünftig und gibt der anspruchsvollen Haut, was sie braucht (Wirkstoffcremes, Ampullenkuren, Masken). Zwar gibt es kein Wundermittel, das den normalen Alterungsprozeß der Haut aufhält, doch mit täglich gezielter Pflege bleibt sie länger hübsch. Dazu gehört auch, daß Sie mit den fortschreitenden Jahren Ihr Körpergewicht kontrollieren und, wenn nötig, etwas disziplinierter leben. Denn leider ist die Natur ungerecht: Je älter wir werden, um so hartnäckiger hält sich jedes überflüssige Kilo. Hier soll keiner Diät das Wort geredet werden, nur soviel: Wehren Sie den Anfängen, vielleicht mit einem wöchentlichen Obsttag und mehr körperlicher Bewegung (zum Beispiel einem kurzen, aber täglichen Spaziergang).
Zum guten Aussehen jenseits der 40 gehören auch die Haare – sportliche Kurzhaarschnitte oder gepflegte halblange Haare sind besonders vorteilhaft. Schulterlange Löckchen dagegen würden einen Konstrast zur Gesamterscheinung bilden – einen Kontrast, den es auch beim Make-up zu vermeiden gilt, das weich in den Farben, dezent und gleichzeitig so attraktiv wie möglich sein sollte. Attraktivität ist keine Frage des Alters, sondern das Ergebnis konsequenter Pflege und eines gekonnten Make-up!

Die Grundierung

Zartes Beige mit einem Hauch Apricot oder Pfirsich (die Betonung liegt auf »Hauch«!) wäre genau richtig für die Teint-Grundierung. Mindestens so wichtig wie die Farbe ist die Beschaffenheit der Foundation: sie sollte möglichst flüssig sein. Denn erstens verteilt sie sich auf der reifen, immer trockener werdenden Haut besser, und zweitens läßt ein kompaktes, stark deckendes Make-up große Poren und Fältchen stärker erscheinen. Tragen Sie zuerst immer Ihre Pflegecreme auf. Ist diese gut eingezogen – nach einigen Minuten – verteilen Sie das Teint-Make-up.

Transparentpuder

gehört zum Make-up, haben wir Ihnen in diesem Buch erklärt. Das stimmt auch, doch kann Puder leider die Fältchen noch betonen.

Betonen Sie die Augen

Sind die Lider ein wenig müde und nicht mehr ganz straff, sollten Sie das Augen-Make-up nicht vernachlässigen. Verwenden Sie cremige, zarte Produkte – etwa: Beige oder zartes Hellgrau auf dem ganzen Lid verteilen, die zweite Lidschattenfarbe dann (die zu den Augen oder zur Kleidung passen und ebenfalls zurückhaltend, sozusagen »leise« sein soll) auf dem unteren Teil des

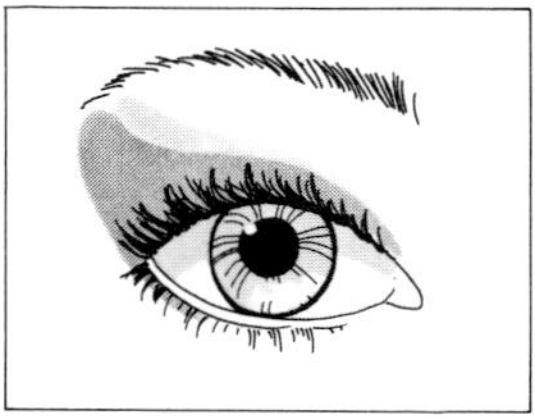

Lides und am äußeren Winkel hinauf zum Brauenbogen verstreichen. Dunkle und glänzende Lidschatten (wie Perlmutt, Gold und Silber) meiden Sie besser! Für den Tag reicht oft auch ein matt-pastellfarbener, hauchdünner Lidstrich dicht über dem Wimpernansatz. Die Wimpern sollten allerdings immer sorgfältig getuscht sein – am hübschesten in Braun oder Blau, Farben, die keinen zu harten Kontrast bilden.

Rouge macht Sie frisch

. . . wenn Sie nicht den Fehler machen, es nach der Devise »viel hilft viel« aufzutragen. Setzen Sie Akzente mit Cremerouge und tragen Sie es zart auf. Ziehen Sie es nicht zu nahe an die Augenwinkel heran – das betont unnötig die kleinen Fältchen. Rosé (kein Bonbonrosa!) oder ein bräunliches Rot beleben und erfrischen Ihren Teint.

Lippen brauchen Pflege und Farbe!

Lippenstift und Rouge sollten die gleiche Farbe haben, wobei die für die Lippen eine »Nuance« dunkler – aber nicht zu dunkel – sein kann. Gehen Sie sorgfältig mit dem Konturenstift um – er verhindert nämlich, daß sich das Lippenrot (besonders, wenn Sie fetthaltige und somit hautfreundliche Stifte benutzen) in die Fältchen rund um den Mund verkriecht.

Den letzten Schliff

geben Sie Ihrem Make-up mit schönen Brauen, die – wenn nötig – fein in der Naturfarbe nachgestrichelt werden. Auf jeden Fall bürsten Sie sie nach oben. Wie es überhaupt darauf ankommt, daß alles nach oben zeigt in Ihrem Gesicht – das ist ganz automatisch immer der Fall, wenn Sie lächeln!

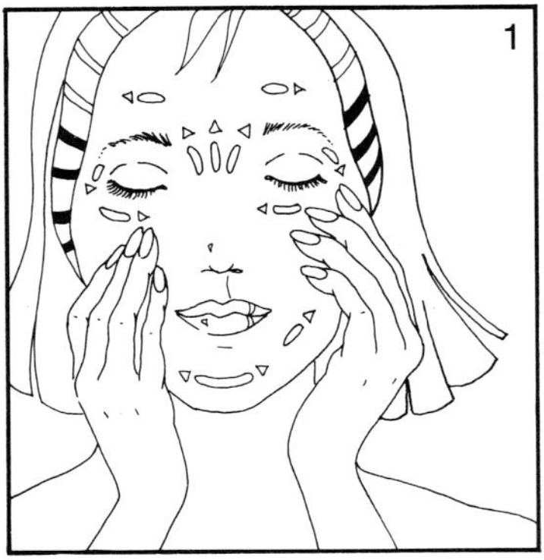

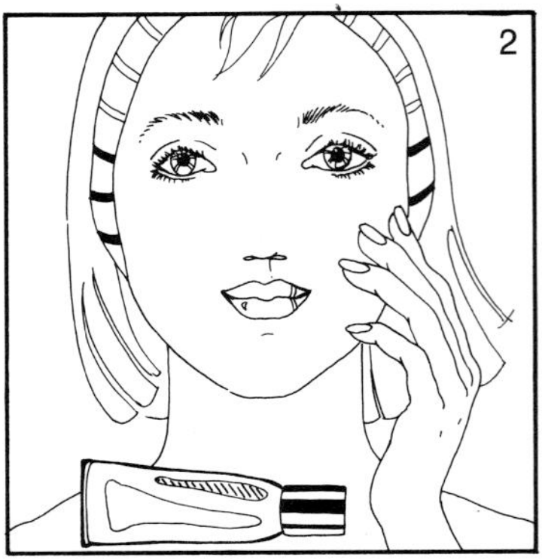

Die zehn Schritte zum

1. Zuerst die Haut schützen – Creme ganz sanft einmassieren.
2. Teint-Make-up sorgfältig und gleichmäßig verteilen.
3. Hautfehler – wie dunkle Augenschatten, Pickel – abdecken.
4. Transparentpuder mit Pinsel oder Quaste leicht aufstäuben.
5. Lidschatten (evtl. in 2 Farben) und Eyeliner auftragen. Fürs große Make-up: ein Tupfer Highlighter.

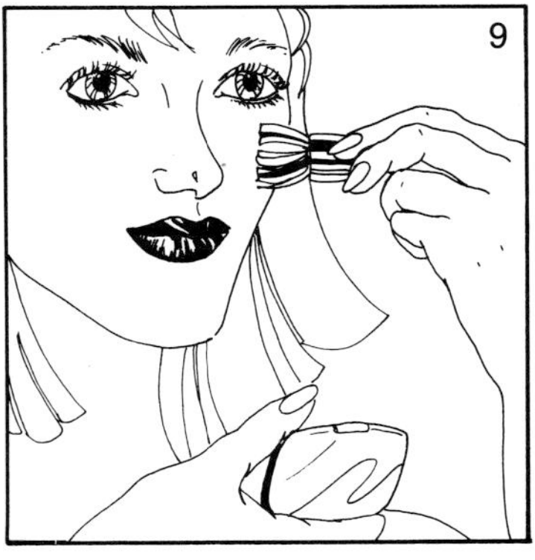

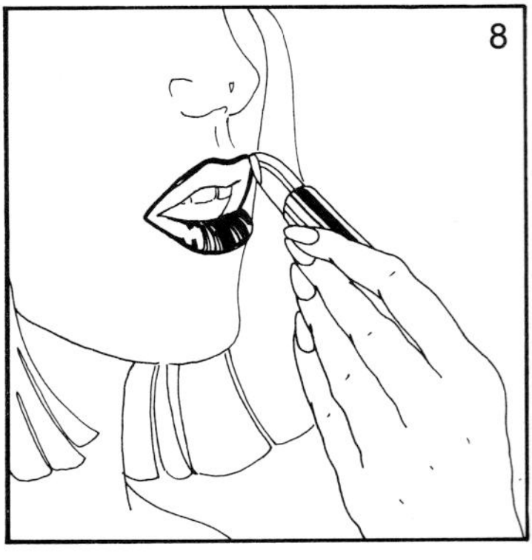

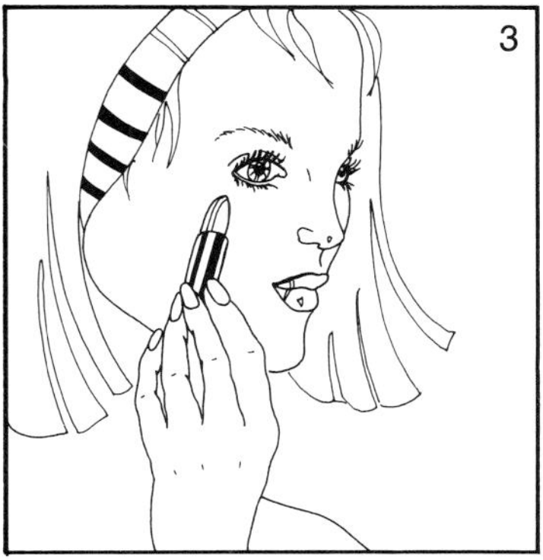

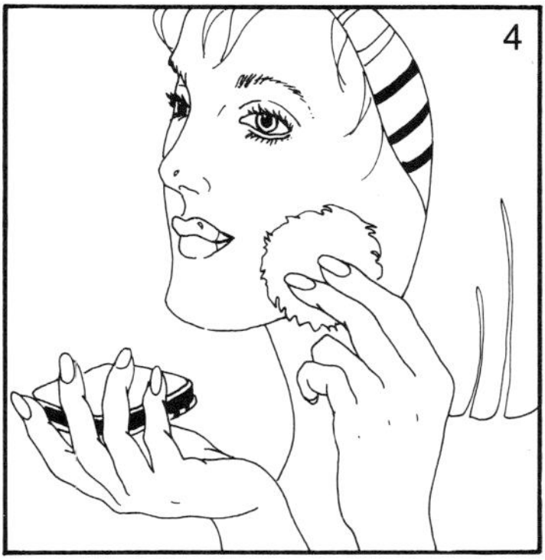

attraktiven Make-up

6. Lassen Sie sich genügend Zeit beim Tuschen der Wimpern.

7. Wenn nötig: Brauen nachstricheln. Immer: sanft in Form bürsten.

8. Erst Lippenstift, dann Lip-Gloss auftragen.

9. Bei abgepuderter Haut Puder-, sonst Cremerouge verwenden.

10. Gepflegte Hände und schöne Nägel gehören auch zu einem gelungenen Make-up.

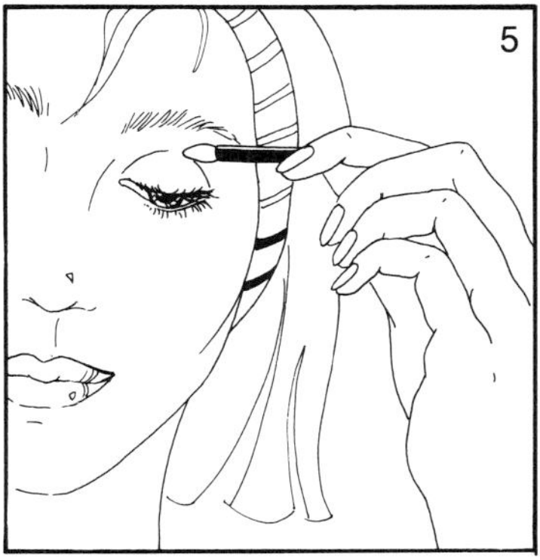

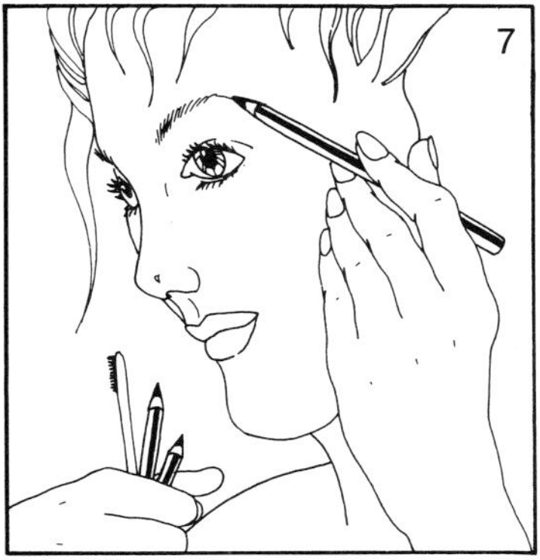

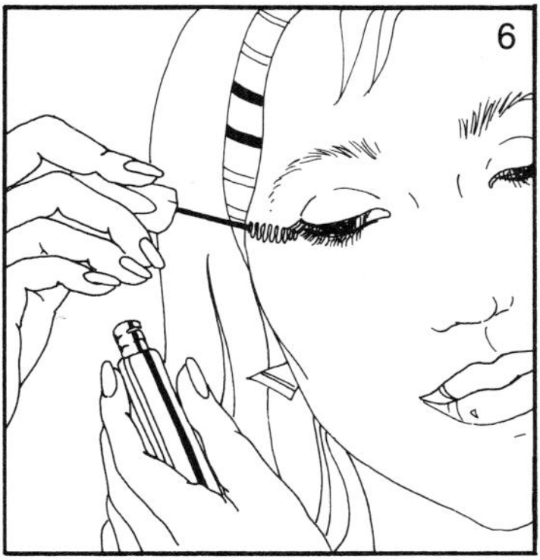

Kosmetik-Allerlei

Als nützliche Hilfen für den Einkauf von Kosmetikprodukten haben wir hier die wichtigsten Informationen über Verbraucherschutz und häufig verwendete fremdsprachige Begriffe zusammengestellt. Und einen kleinen Streifzug durch die Geschichte der Kosmetik . . .

Verbraucherschutz

In der Bundesrepublik sorgen eine Reihe von gesetzlichen Bestimmungen dafür, daß nur einwandfreie Kosmetikprodukte auf den Markt kommen: z. B. die im Deutschen Lebensmittelgesetz von 1976 verankerte Kosmetikverordnung sowie die »Richtlinien der EG-Kommission für mikrobiologische Reinheitskriterien«. In diesen Texten wird ausdrücklich festgelegt, daß es sich um »Stoffe und Zubereitungen aus Stoffen, die äußerlich am Menschen, oder in seiner Mundhöhle, zur Reinigung, Pflege oder zur Beeinflussung des Aussehens« handelt. Nach § 24 des Lebensmittelgesetzes ist es ausdrücklich verboten, Kosmetika herzustellen, die geeignet sind, die Gesundheit zu schädigen.

Was bedeutet dies praktisch?

Der Verbraucher kann sich darauf verlassen, daß alle Kosmetikprodukte in langen Testreihen geprüft werden, ehe sie in den Vertrieb gelangen. Diese Kontrollen (mikroskopische, chemische, physikalische, biologische und biochemische Untersuchungen) beziehen sich auf:

- die Reinheit und Unschädlichkeit der verwendeten Rohstoffe
- hygienisch und mikrobiologisch einwandfreie Herstellungsverfahren
- Verträglichkeit der einzelnen Produkte einer Marke miteinander
- Konservierung und Haltbarkeit (mindestens 3 Jahre, außer ein auf der Packung abgedrucktes Verfallsdatum sagt Gegenteiliges).

Dazu noch einige Ratschläge

Bewahren Sie Cremes nicht über der Heizung im Badezimmer auf: Aussehen und Geruch könnten darunter leiden. Kosmetika sollten deshalb am besten kühl aufbewahrt werden. Wenn Sie eine empfindliche Haut haben, testen Sie neue Produkte vor der Anwendung selbst! Etwas davon in die Armbeuge eintupfen. Rötet sich die Haut nicht, ist alles in Ordnung.
Verwenden Sie Markenprodukte, besonders für die empfindliche Zone in unmittelbarer Nähe der Augen. Denken Sie aber bitte daran, daß nur Produkte desselben Herstellers garantiert miteinander verträglich sind. Wenn Sie eine Feuchtigkeitsemulsion der Marke X und eine Sonnenschutzcreme der Marke Y benützen, kann es unter Umständen zu Hautreizungen kommen. Und noch eines: Hautallergien sind nur in den seltensten Fällen auf Kosmetika zurückzuführen. Es kann aber eine Unverträglichkeit mit eingenommenen Medikamenten, eine Streßsituation oder auch eine falsche Anwendung der Grund dafür sein. Wenn Sie an sich allergische Hauterscheinungen (Jucken, Anschwellen, Rötung) feststellen – auf jeden Fall den Arzt fragen!

Fremdwörterlexikon für das Make-up

Deutsch	Englisch	Französisch
Abdeckcreme	cover cream	anticerne
Augen-Make-up-Entferner	remover pads	démaquillant spécial cils
getönte Creme	tinted cream	crème teintée
Grundierung	make-up base, foundation	fond de teint
Handcreme	hand cream	crème pour les mains
Kajal-Stift	kajal stick	crayon khôl, crayon kajal
Kompakt-Puder	compact powder	poudre compacte
Make-up (das fertig zurechtgemachte Gesicht)	make-up	maquillage
Lidschatten	eye shadow	ombre à paupières
Lidstrich, flüssig	liquid eyeliner	eye-liner (ligneur) fluide
Lippenglanz	lip gloss	brillant à lèvres
Lippenstift	lip stick	rouge à lèvres
Nagelhärter	nail hardener	durcisseur
Nagelhautentferner	cuticle remover	émollient pour cuticules
Nagellack	nail polish, nail lacquer	vernis à ongles
Nagellackentferner	polish remover	dissolvant pour vernis à ongles
Puder	powder	poudre
Transparent-Puder	translucent powder	poudre transparente
Überlack	top coat	fixateur
Unterlack	base coat	base unifiante
Wangenrot	blusher, cheek tint	fard à joues
Wimperntusche	mascara	mascara

Mit Sieben-Meilen-Stiefeln durch die Geschichte der Kosmetik

Über das Reinlichkeitsgebaren unserer Ur-Urahnen vor Tausenden von Jahren wissen wir wenig. Nur soviel, daß sich irgendwann in grauer Vorzeit einer von ihnen mit Erde und Schlamm die Haut bestrich – das war die Geburtsstunde des Make-up. Obwohl diese Malerei damals wohl weniger aus Freude am Schönsein, sondern mehr als Abschreckungsmittel für Feinde geschah. Ganz genau wissen wir, daß die alten Ägypter größtes Vergnügen am Baden fanden und ihre Haut mit Oliven- und Mandelöl, mit Milch und Honig pflegten. Und nicht nur das, auch in Sachen Make-up waren sie fortgeschritten: Runde zweitausend Jahre vor unserer Zeitrechnung zog man schwarze Linien um die Augen und färbte sich die Lippen rot (mit einer fetthaltigen Salbe, der Zinnober beigemengt war).
Im klassischen Griechenland gehörte Gesunderhaltung und Verschönerung des Körpers zum täglichen Pflichtpensum – ungepflegte Menschen galten als öffentliches Ärgernis! Zur gleichen Zeit etwa eroberte das geheimnisvolle Volk der Etrusker Rom – eine kulturelle und kosmetische Hochblüte begann. Letztere gipfelte darin, daß die feine Römerin in Ziegenmilch, die noch feinere gar in Eselsmilch badete. Hierzulande – und anderswo – begann sich bald das Christentum auszubreiten. Alles Körperliche, das Streben nach Schönheit auch, waren nicht mehr wichtig, wurden vernachlässigt zugunsten des ewigen Lebens, das es zu erlangen galt. Das änderte sich erst wieder im Mittelalter, als die ersten Badehäuser entstanden. Sie waren bald gesellige Treffpunkte – Männlein und Weiblein saßen in

großen Holzbottichen. Das nicht immer »saubere« Treiben gefiel der Obrigkeit immer weniger. Schlimme Seuchen wie die Pest kamen da gerade recht, um die Häuser zu schließen – womit nicht nur den lockeren Sitten, sondern auch den Badefreuden ein Riegel vorgeschoben war.

Dabei blieb es lange Zeit. Im Barock – um 1700 – schwelgte man zwar in Samt und Seide, aber nicht in Wasser. Sauberkeit wurde durch Parfum ersetzt, das Gesicht mit dikken, weißen Puderschichten zugedeckt, die Wangen wie Apfelbäckchen bemalt (was »gesundes« Aussehen hieß), der Mund stark betont.

Viel später – mit dem Empire, um 1830 herum – setzte ein Umschwung ein: man ahmte Griechisches und Römisches nach, das Make-up wurde natürlich und zurückhaltend, alles Gekünstelte abgelehnt. Seife und Wasser wurden selbstverständliche Gebrauchsutensilien.

Dann schlug das kosmetische Pendel wieder nach der anderen Seite aus – bis zum Ende des 19. Jahrhunderts und darüber hinaus gab man sich wieder körperfeindlicher und prüder. (Nur Prostituierte und nicht als »Damen« angesehene Frauen vom Theater benutzten Rouge und Lippenstift.)

Ein radikales Umdenken setzte nach dem Ersten Weltkrieg ein und mit ihm eine Make-up-Revolution. Sich das Gesicht zu schminken wurde nicht nur gesellschaftsfähig, sondern ein Bestandteil der täglichen Haut- und Körperpflege und – nicht zuletzt – ein wichtiger Begleiter der Mode.

Fotonachweis: Zeiss/Achim Graf: S. 53. Christine Rosinski: S. 28, 39. Margaret Astor AG: alle übrigen.